크리스천 취업 전략서

크리스천 취업 전략서

지은이 정희석
펴낸이 안용백
펴낸곳 (주)넥서스

초판 1쇄 발행 2011년 10월 20일
초판 2쇄 발행 2011년 10월 25일

출판신고 1992년 4월 3일 제311-2002-2호
121-840 서울시 마포구 서교동 394-2
Tel (02)330-5500 Fax (02)330-5555
ISBN 978-89-5797-816-0 03230

www.nexusbook.com
넥서스CROSS는 (주)넥서스의 기독 브랜드입니다.

크리스천 취업 전략서

정희석 지음

넥서스CROSS

믿음의 용사들이 하나님의 영광과 찬송이 되도록 하는 작은 전략

'크리스천'이라는 것이 취업할 때 약이 될까요? 아니면 그 반대일까요? 크리스천 채용 면접관이라면 이왕이면 '크리스천 지원자'를 채용해야 하나요? 아니면 안 믿는 사람과 공정하게 채용 기준을 적용해야 하나요? 또, 기독교에 반감이 있는 채용 면접관에게는 신앙과 역행하는 면접 질문에 대해 신앙인답게 정직하게 답변해야 하나요? 아니면 취업이 어려운 요즘 융통성 있게 채용 면접관 구미에 맞게 답변해야 하나요? 이런 고민들은 크리스천 지원자라면 한번쯤 해봤을 것입니다.

주위를 봐도 이런 취업에 대해 고민하는 크리스천들이 많음을 느낍니다. '크리스천'의 신앙적 정의가 무엇이냐는 어려운 질문을 뛰어넘어, 이른 아침 새벽기도회를 시작으로 해서 주일, 수요일, 금요일, 토요일, 그리고 또다시 주일에 이르기까지 모든 예배와 기도, 찬양, 말씀, 봉사활동에 열정과 신실함을 다해 참여하는 사람이 많다는 것이지요. 특별히 요즘같이 취업이 어려운 때에, 직장 선택을 인생의 중요한 기도 제목으로 삼고 열심히 학교생활과 신앙생활의 균형을 맞추며 다양한 구직활동을 하는 모습의 크리스천 청년들을 볼 수 있습니다.

최근 들어 유난히 주위에 많은 사람이 새벽부터 늦은 밤까지 눈에 띄게 간절한 신앙의 모습으로 지원자뿐만 아니라 사랑하는 가족들까지도 취업에 대한 기도와 중보에 열심인 모습을 볼 수 있습니다. 신입사원을 채용하는 채용 면접관 입장으로 모두에게 귀한 취업의 기쁜 소식이 함께하기를 바라는 마음입니다.

사실 개인의 '신앙'이라는 것을 행동과 모습으로 판단하기는 어렵지만, 직장 선택의 기로에 놓인 수많은 크리스천 청년이 '독실하고 열정적으로 기도하는' 신앙의 모습을 신입사원을 채용하는 기업의 어떤 채용 면접관이 계속 보고 있었다면 '어떤 느낌을 가질까?' 궁금해집니다. 간절히 입사하고픈 '기도의 열정'만큼이나 새롭게 주어질 회사 업무에 '탁월한 성과'를 잘 발휘할 것으로 판단할까요? 아니면 실제 교회 가서 기도할 그 시간에 최선을 다해서 지원할 회사와 업무에 대해 더욱 깊이 연구하고 조사해서 입사 지원자로서의 자세를 완벽히 갖추기를 바랄까요?

저자는 여러 기업에서 채용 면접관 또는 인재개발 팀장으로 20여 년 동안 근무하면서 여러 사람들을 채용하고, 그 채용된 사람들을 교육하고, 그 교육한 내용을 업무에 적용하여 좋은 성과를 낸 직원들에게 보상도 결정하는 일을 담당해왔습니다. 그래서 대학교를 졸업하고 새로이 직장을 찾는 크리스천 청년들이나, 새로이 직장을 갖기 위해 고민하는 크리스천들을 보면 열심히 신앙적인 측면에서 노력하는 만큼 좋은 결실이 빨리 오기를 바래는 마음도 있습니다. 그렇지만 현실은 구직을 원하는 성실한 크리스천에게 쉽게 직장으로의 관문을 열어주거나 취업 성공을 위한 대로(大路)를 활짝 펼쳐주지 않습니다.

일반적으로 기업에서 사람을 채용하는 채용 면접관들은 크리스천 구직자 개

개인이 가지고 있는 신앙심(Heart)이나, 직업을 가지고자 하는 열정과 열심Mind, 그리고 불철주야 자신이 추구하는 미래의 비전을 위해 눈물로 기도하는 태도 Attitude에 의해서 채용 결정을 하지 않습니다. 응당히 직원을 선발하고 채용 의사 결정을 하는 '면접Interview'이라고 하는 엄정한 과정을 거쳐 채용을 결정합니다. 더러는 그 면접 과정에서 입사지원서 종교 항목에 '기독교'라고 쓴 지원자에게 오히려 더 어려운 질문을 함으로써 면접 과정을 더 난해하게 만드는 경우도 있습 니다.

입사지원서의 종교 항목에 '기독교'라고 쓴다면 대개의 기업 채용 면접관은 점수를 플러스 할까요? 마이너스 할까요? 아니면 아무런 상관없이 그냥 동일한 기준을 적용할까요? 과연 크리스천이라는 이유만으로 입사 면접에서 안 믿는 지 원자보다 더 어려운 질문을 받게 되었을 때, 마음 편하게 대답할 수 있을까요? 또, 그런 면접 질문을 받고 '그럴싸한 답안을 미리 준비해서 기독교 신앙인과는 관계 없는 것처럼 대답해야지'라고 생각한다면 신앙적으로 또 어떤 의미가 있을까요? 오히려 믿지 않는 사람들이라면 받지 않아도 될 질문을 입사지원서 종교 항목에 '기독교'라고 쓴 이유 때문에 질문 받고, 그 때문에 불합격했다는 생각이 든다면 어떤 전략으로 그다음 면접에 기독교 신자라는 것을 채용 면접관에게 신실하게 어필할 수 있을까요?

아! 더 상황이 어렵게 되는 것은 아닐까 염려되는 것도 사실입니다. 이런 문 제의 심각성이 바로 크리스천 청년이 믿지 않는 회사나 조직의 취업 현장에서 승 리해야 하는 영적 전쟁의 일면임을 알고 준비해야 하는 이유입니다. 즉, 기도만 하면 취업하는 것이 아니기 때문입니다.

실제적으로 영적 전쟁의 일면인 취업 면접에서 크리스천들이 가장 부담스러워 하는 질문들이 무엇일까 생각해보았습니다. 주일성수를 못하게 하는 회사나 직장 상사의 문제에서부터 시작하여, 술·담배에 대한 처신을 어떻게 할 것인지의 질문, 그리고 제사나 고사 지내는 회사나 공장의 시무식 관행에서 어떤 태도를 취할 것인지의 문제, 또는 불신자 상사나 동료, 거래하는 업체들과의 접대관계의 문제, 더욱이 사교적 능력과 영업관행, 정직과 융통성의 갈등 상황이 발생하는 다양한 사업 상황의 문제를 어떻게 처리할 것인지를 '기독교인이기 때문에' 답해야 한다면, 어떤 것이 지혜로운 대처 방안일까요? 요즈음은 대인관계가 중요해져서 실제적으로 불신 상사나 동료와의 갈등, 그리고 기독교인들에 대한 사회적 편견을 얘기하며 그 의견을 묻고, 그런 사례가 예전에 있었는지를 묻는 행동화 면접Behavior Interview을 하기도 합니다. 대개 그런 사례가 없는 경우 당황해하며 "그런 적 없었습니다"라고 간단히 대답하며 머쓱해지는 상황이 전개됩니다. 이런 경우 불합격도 각오해야 합니다.

문제는 이처럼 다양한 신앙적 태도를 묻는 상황에서 지혜롭게 대응하지 못하고 당황해서 95% 통과한 면접에서 5%의 신앙 관련 질문에 합격을 놓치는 경우도 빈번히 생기는 것을 발견합니다. 특히나, 신앙에 관한 질문뿐만 아니라 좋은 직업을 갖는 데 필요한 7가지 정도의 아주 중요한 필수 조건에 대해서 제대로 알지 못한 크리스천 지원자가 많습니다. 그래서 오로지 '기도'로만 기업의 채용 면접관을 감동시키고자 하는 크리스천 지원자들이 많다는 현실을 조심스럽게 지적하고 싶습니다.

그렇다고 기도의 능력을 부인하는 것이 아닙니다. 문제는 '기도'에 온전히 의존하여 사회나 기업이 원하는 채용 기준을 '무시'Disregard하거나 '불신'Distrust하거나 '혐오'Disgust 심하게는 '무감각'Dead하는 태도를 보이는 것입니다.

옛날 손자병법에도 잘 나와 있듯이 지피지기(知彼知己)면 백전백승(百戰百勝)

이라는 차원에서, 지원하는 기업과 직무에 대해 심층적 연구가 요즘 같은 상황에 더더욱 필요합니다. 그래서 QT^{Quiet Time}를 오랜 시간 동안 꾸준히 잘 해온 기독 청년들은 나름대로의 장점인 '심층분석의 기법'을 통해 기업과 직무 파악의 첫 단추를 성공적으로 끼울 수 있음을 많이 보여주고 있습니다. 그리고 업무 성과를 드러내는 측면에 있어서는 '성실(誠實)하다'고 자신 있게 말은 하지만 실제 '성과 (成果)'가 없는 그런 일반적인 크리스천 지원자가 나타나면 크리스천 채용 면접 관들은 안타까운 시선으로 바라볼 수밖에 없습니다.

즉, 신앙이 있든 없든 세상의 모든 채용 면접관은 특별히 회사에 우수한 성과를 낼 수 있는, 탁월한 모습을 보일 수 있는 진정한 장점을 지닌 지원자만을 채용한다는 사실에 주목할 필요가 있습니다. 이를 잘 이해하고 어필하면 지원자들 사이에서 최고의 지원자가 될 수 있습니다. 그런데 안타깝게도 탈락하는 대부분 크리스천 지원자의 특색 중의 하나가 '성과 없는 성실'만을 계속 주장한다는 점입니다. 아마 신앙인으로서의 신령과 진정으로의 '성실 의식'^{The Sense of faithfulness}이 가슴 한가운데 깊이 자리잡고 있기 때문일 것입니다.

또, 대개 신앙이 없는 채용 면접관들이 가진 편견 중의 하나라고 할 수 있는 것이 있는데, 그것은 크리스천 지원자는 다소 편협하고 배타적인 신앙관과 인간 관계로 대인관계 업무나 고객을 관리하는 업무에 약간의 문제가 있을 수 있다' 라고 생각하는 경우입니다. 이런 상황에서 어떻게 답변하는 것이 현명할까요? 해결책은 그리 어렵지 않습니다. 실제 지원자로서 교회 안에서만 이루어지고 있는 성도나 같은 대학 청년부 내에서의 형제, 자매들 간의 신앙적인 교제의 유형 뿐만 아니라, 실제 교회 안팎의 대인관계에 있어 다양한 문제해결의 성공 사례와 그 과정, 그리고 그 문제의 특성(사람에 관련된 것인지, 과업으로 인한 것인지, 의견 일치의 과정인지, 또는 커뮤니케이션의 문제인지, 정서적 유대감의 문제인지 등)을 실례로

들며 구체적으로 답하면 효과적으로 채용 면접관의 크리스천에 대한 대인관계의 편견을 극복할 수 있습니다. 실제 성공 사례를 책 내용 중에 담았습니다.

그리고 채용 면접관들이 채용할 때 가장 많이 보는 것 중 가장 뼈대를 이루고 있는 것이 있는데 그것을 '기억만 해도 채용 면접관의 질문을 즐길 수 있는 전략'을 소개하려고 합니다. 그것이 바로 채용 면접관을 놀라게 하는 3C Character, Competency, Competitive 전략입니다. 그 3C 또는 채용의 3대 기준에 있어 '기억만 해도 합격'이라 불립니다.

기본적인 인성과 적성 Characte이 우수한지, 일을 제대로 할 수 있는 역량 Competency이 갖추어져 있는지, 그리고 남다른 경쟁력으로 차별화 Competitive된 우수성이 있는지에 대해 크리스천으로서 세일즈·마케팅할 수 있도록 준비하면 탈락할 확률이 거의 없습니다.

여기서 세일즈·마케팅 Sales Marketing은, 물건을 파는 것만을 가리키지 않습니다. 이 세일즈·마케팅을 잘하면 잘할수록 채용 면접관이 자신의 채용 의사결정을 우호적으로 진행하고 있다는 확신을 면접하는 자리에서 바로 느낄 수 있습니다. 왜냐하면 요즘 채용 상황은 노동시장 Labor Market에서 세일즈·마케팅이라 불리는 자기 홍보에 능한 지원자만을 선발하도록 기업의 채용 면접관이 훈련 받고 있기 때문입니다. 그리고 실제로 그런 지원자만을 의해 우호적인 면접 진행을 해주는 경향이 있기도 합니다.

책의 여러 부분에서 크리스천 지원자에게 도움이 되도록 기업의 입사지원서를 제출하고 면접도 보는 상황에서, 보다 신실 Reliable하고 탁월 Excellent하게 기업 채용 면접관에 어필하고 세일즈·마케팅할 수 있는 방법을 사실적으로 정리하였습니다. 그것을 '전신갑주(全身甲冑)'라는 개념과 차별화 Differentiation 라는 개념으로 정리하였습니다. 말 그대로 자신을 잘 무장하고 다윗과 다니엘, 여호수아와 같이 도전하면 크리스천 청년에 대한 어떤 어려운 골리앗 질문도, 풀무불 질문도, 여리고 질문도 뛰어난 LC Logical Communication 능력으로 능히 이길 수 있을 것입니다.

또한 비둘기같이 순결하면서도, 뱀같이 지혜로운 자세로 원하는 회사와 부서에 언제든지 취업할 수 있도록 크리스천 지원자들에게 나타나는 '7가지 취업 실패 원인'과 '3가지 취업 전략'을 현직 채용 면접관 입장에서 상세히 밝히려 노력하였습니다. 이러한 "7+3"의 다양한 필수능력을 잘 발휘하여 크리스천들이 보다 더 탁월한 우수성을 드러낼 수 있도록 수년 동안의 경험이 기름부음 받는 것도 감사할 따름입니다. 세상을 변화시키고 싶은데, 세상에 한 발도 디뎌 놓을 수 없을 때의 황당함을 이해하는 크리스천 채용 면접관의 글이라 쉽게 이해하리라 여겨집니다.

이 모든 것이 채용 면접관으로서의 귀한 고백이 될 수 있다는 것도 기쁜 일이 아닐 수 없습니다. 세상을 변화시키고자 하는데 세상이 잘 받아주지 못하거나, 못 들어오게 하면 어떻게 해야 할까요? 자! 눈앞에 보이는 저기 가나안 땅을 정복해야 하는데, 계속 광야가 좋다고 머무를 수 없는 것처럼 이젠 그들과 맞닥트려야 합니다. 이때 이기는 크리스천 취업 전략Christian Job-catching Strategy이 필요합니다. 세상 가운데 나아가는 우리 믿음의 용사들이 하나님의 영광과 찬송이 되도록 하는 작은 전략이 이 책에 담겨 있습니다.

"내가 기도하노라 너희 사랑을 지식과 모든 총명으로 점점 더 풍성하게 하사, 너희로 지극히 선한 것을 분별하며, 또 진실하여 허물 없이 그리스도의 날까지 이르고, 예수 그리스도로 말미암아 의의 열매가 가득하여, 하나님의 영광과 찬송이 되게 하시기를 구하노라"(빌 1:9).

And this is my prayer: that your love may abound more and more in knowledge and depth of insight, so that you may be able to discern what is best and may be pure and blameless until the day of Christ, filled with the fruit of righteousness that comes through Jesus Christ--to the glory and praise of God.

정희석

PART 02 크리스천 지원자의 믿음의 취업 전략

PART 03 어려운 상황들에 대한 지혜로운 답변 전략

PART
01

크리스천 구직자의 취업 실패 이유 7 가지

내가 돌이켜 해 아래서 보니, 빠른 경주자라고 선착하는 것이 아니며, 유력자라고 전쟁에
승리하는 것이 아니며, 지혜자라고 식물을 얻는 것이 아니며, 명철자라고 재물을 얻는 것이
아니며, 기능자라고 은총을 입는 것이 아니니, 이는 시기와 우연이 이 모든 자에게 임함이라.
대저 사람은 자기의 시기를 알지 못하나니, 물고기가 재앙의 그물에 걸리고, 새가 올무에
걸림 같이, 인생도 재앙의 날이 홀연히 임하면 거기 걸리느니라.

I have seen something else under the sun: The race is not to the swift or the
battle to the strong, nor does food come to the wise or wealth to the brilliant or
favor to the learned; but time and chance happen to them all. Moreover, no man
knows when his hour will come: As fish are caught in a cruel net or birds are
taken in a snare, so men are trapped by evil times that fall unexpectedly upon
them.

전도서 9: 11~12

뚜렷한 '성과' 없이 무조건 '성실'하다고만 하는군요!

채용 면접관들이 면접 현장에서 가장 많이 듣는 지원자들의 답변이 무엇일까요? 아마 "최선을 다하겠습니다", "열심히 하겠습니다", "죽을 각오로 성실히 하겠습니다"일 것입니다. 그래서 처용 면접관들은 이 세 가지 답변을 너무 자주 듣는 탓에 그 신빙성과 신뢰성이 다소 약해진 것이 사실입니다. 최근 들어 면접 지원자들의 입에서 이런 유형의 답변이 많이 나오는 이유가 무엇일까 생각해보았습니다. 다 이유가 있었습니다.

입사 지원자들의 특성과 그들의 면접 답변을 분석해보면, 지원자들은 어떻게 해서든지 자신의 성실성을 호소력 있게 피력하여 우수한 신입사원으로서 인정받고자 하는 심리 상태를 드러냅니다. 즉 자신이 열심히 한 노력과 그 과정을 인정받고자 합니다. 물론 답변의 성실성은 회사에 입사를 원하는 모든 지원자에게 필요합니다. 그렇지만 실제 회사나 조직에서 원하는 성실성은 '열심히'의 '성실성'보다는 '결실'의 '성실성'이 필요하다 말할 수 있습니다.

예를 들어 대학 4학년 동안 피 끓는 열정으로 열심히, 그리고 성실히 동아리 활동을 한 지원자가 자신을 소개하는 과정에서 몇 가지 자랑을 펼칩니다. 조직원의 구성원을 많이 늘린 것, 다양한 홍보를 많이 한 것, 특정 행사를 위해 밤새 준비한 것, 연합동아리 멤버들과 MT를 성공적으로 이끈 것 등. 이러한 활동들을 통해 자신이 성실히 조직을 이끌고 열심히 조직목표를 완수했다며 자랑스럽게 말합니다. 그런데 실제로 채용 면접관들이 원하는 것은, 많은 조직원을 구성하게 된 동기부여와 그 성과가 무엇이었는지, 다양한 홍보를 한 결과가 어떤 목표를 달성할 수 있었고, 중요한 홍보 메시지의 결과는 무엇이었는지, 연합동아리 멤버들과 조직 규합하는 과정에서 어떤 이슈와 문제를 해결하여 어떤 구체적인 성과를 이끌어 냈는지 등입니다.

이런 성과물이 없다면 동아리라는 소집단을 이끄는 과정에서 핵심이 되는 경험을 한 것이라고 채용 면접관들은 판단하지 않습니다. 동아리는 대학생 시절의 중요한 스펙 쌓기의 한 아이템으로서 의미는 있습니다. 그리고 앞으로 회사나 조직에 입사하여 동일한 맥락에서 조직의 문제와 역학관계를 이해하고, 얽힌 문제를 잘 풀어갈 것이라는 리트머스종이와 같은 테스트의 의미도 있습니다. 그런 사전 검진 테스트 단계에서 채용 면접관들은 단순한 세력 규합과 불철주야 일한 동아리 활동은 그 성과가 나타나지 않는 것과 동일한 맥락에서 지원자의 성실성을 제로Zero 수준으로 평가하는 것이 대부분의 면접 평가 방향입니다.

그럼 성과는 어떤 것을 구체적으로 말하는 것일까요? 성과를 나타내기 위해 입사 지원자들이 피해야 할 표현 방식들이 있습니다. 무조건 "열심히 했습니다", "최선을 다했습니다", "불철주야 고생했습니다"라는 표현입니다. 이 표현은 성과를 표현하는 데 있어 기대 이상의 신뢰를 주지 못한다는 진실을 이해해야 합니다. 그것을 이해하는 지원자라면 다음의 '기술 수준'에서 '과학 수준'의 면접 답변 수준으로 업그레이드되는 것을 느낄 수 있습니다.

"열심히 했습니다"

구체적으로 예를 들면 회원과 조직 규모의 문제로 동아리 존속의 문제에 봉착했었습니다. 다양한 조사survey와 분석을 통해 4가지 원인을 밝혀냈고, 문제해결의 실마리를 잡았습니다. 첫째, 동아리 인원 구성이 특정 지방에 한정된 점과 3, 4학년 위주로 편성되어 신입 멤버의 확보에 어려운 점, 그리고 모임의 프로그램이 단조로운 점, 끝으로 여자 임원이 적은 점 등이 중요한 문제점으로 드러나 3개월 내에 모두 해결하는 역할을 수행했습니다.

"최선을 다했습니다"

문제의 원인을 다양한 관점에서 바라보고, 임원회의에서 문제해결의 방향을 결정했습니다. 서로 간의 신뢰관계뿐만 아니라, 동아리 행사에 대한 불만의 소리를 해소하였습니다. 조직관리, 커뮤니케이션, 문화 행사, 경비 관리 등 세세한 불만까지 관심 갖고 문제해결토록 모두의 머리를 맞대어 좋은 성과를 거두었습니다.

"죽을 각오로 고생했습니다"

여러 차례 밤새웠을 때도 불평하지 않도록 했습니다. 저희 팀원들이 회비 인상에 대한 반대가 있을 때 사업계획을 구체적으로 설명하며 100% 동의를 얻어냈습니다. 물론 부담이 되는 몇몇 회원에게는 개인적인 설득 절차를 거쳤고, 그밖에 다양한 스폰서 모집, 학교 관계자들의 협조를 통해 250% 정도 예산운영능력이 생겼습니다.

기독교 환경에서도 마찬가지입니다. 교회의 대학, 청년부 활동을 일종의 동아리로 보고 학교 내 동아리 활동과 견주어 성과를 논할 때 답변할 수 있습니다. 그런데 실제 유의해야 할 점은, 동아리의 친목과 조직 목적을 설명하는 것과는 다른 점이 있습니다. 그것은 신앙이라는 자발성은 조직을 만드는 동기로서는 같지만, 그것 이외에 조직의 문제를 화제로 꺼내야 하는 경우 다소 불편해질 수 있습니다. 즉 교회의 청년회, 대학부 등의 조직 운영상의 이슈가 드러나게 되는 경우입니다. 그래서 굳이 동아리, 조직, 리더십, 성과관리와 같은 면접 질문을 답할 때, 교회에서 일어난 다양한 조직 문제의 일면에 대해서 언급할 필요는 없다고 판단됩니다. 채용 면접관들이 원하는 조직의 성과관리란, '열심히', '최선', '죽을 각오'의 단순한 과정이 아닌 체계적, 과학적, 분석적 검증을 통한 결과를 진실한 시각으로 보여주는 것입니다. 그래서 성실하게 조직을 이끈 '열심'보다는 성과를 내기 위해 '결실' 중심으로 조직을 관리하고 운영한 성공 사례들을 구체적으로 끄집어내야 한다는 것입니다.

오로지 신앙적 열심에만 의존해서 믿음이 성장하느냐는 문제에 대해 다양한 의견이 있을 수 있듯이, 기도만 열심히 하는 자세를 통해 얻어진 성실주의적인 '열심'이라는 것이 성과주의의 면접관과 부딪혀 감점 요인을 일으키지 말아야 한다는 것입니다.

채용 면접관들은 성실에 대한 결과물을 구체적 사례와 함께 면접 현장에까지 가져올 수 있는 지원자를 원합니다. 그리고 그 지원자가 입사 후 업무 현장에도 더 큰 성과와 결과물을 서로 연결할 수 있는 재학 시절 또는 입사 전의 근거와 경험을 원합니다. 특히 임원이나 최고 경영자들은 '성실한' 지원자라도 '성과 좋은' 지원자가 아닐 수 있다는 수년의 경험을 가진 사람들이기 때문에, 당연히 앞서 답변된 것과 같은 실제로 증명할 수 있고 재현할 수 있는 것이 필요합니다.

크리스천 지원자가 알아둬야 할 요즈음의 면접 경향이 있는데, 그것은 이 면접이 '무엇을 알기 위해' 치러지는 것인지에 대한 목표를 알고 있어야 한다는 것입니다. 요즘의 신입사원 채용 인터뷰의 흐름은 행동 중심, 실무 중심, 직무 중심, 역량 중심, 사례 중심, 성과 중심, 증거 중심의 방식을 통해 과거에 어떤 경력과 능력 발휘를 했는지를 묻는 것입니다. 즉 과거의 실제 사례를 통해서 미래에 실천할 수 있을지를 점치는 것입니다. 대단히 사실적이고 기술적인 방법입니다. 이를 '과학적인 수준의 면접 방식'이라 부릅니다. '기술적인 수준'의 면접 답변이 10여 년 전의 경향이었다면, 지금은 '과학적인 수준'으로 이미 운영되고 있습니다. 앞으로는 예술적인 단계로 움직이고 있는 증거들이 나타납니다. 기술, 과학, 감정, 스토리텔링고 모든 정서적 요인이 포함된 단계라 할 수 있습니다. 이 과학의 중요한 요소들이 행동 중심, 실무 중심, 직무 중심, 역량 중심, 사례 중심, 성과 중심, 증거 중심의 면접으로 구성된다는 점입니다.

좀 더 뛰어난 면접 교육을 받은 채용 면접관들은 단순히 기술 수준에서 벗어나 과학 수준의 면접 질문을 만들기 위해 연구와 분석의 고민을 합니다. 그리고 그것을 바탕으로 앞으로 입사할 지원자의 미래 지향적인 능력을 찾으려 합니다. 채용 면접관들이 쓰는 전문적인 용어로 '역량 중심'의 면접 방식이 있는데, 역량이라는 말은 능력이라는 것의 좀 더 심층적인 표현으로, 우수 인재 선발할 때 쓰는 말입니다. 우수 인재를 '탤런트Talent'라 부릅니다. 성경에서는 아시다시피 '달란트'라 번역하는데, 말 그대로 돈의 가치로도 인정받는 '똑소리 나게 일 잘하는' 직원들을 가리킵니다. 바로 일 잘하는 직원들만이 가진 능력이 있는지를 보는 것이 '역량 면접'입니다.

구체적으로 말하면, 업무에 필요한 전문적인 지식과 그 지식을 이용해 일할 줄 아는 기술, 그리고 그 지식과 기술을 발휘하는 데 필요한 마음 자세 등을 입사 지원자가 가지고 있는지를 묻고자 합니다. 비록 입사하기 전이라 업무에 필요한 경험은 충분하지 않지만, 지원자가 가지고 있는 과거의 경험, 능력, 업적, 성과를 바탕으로 미래에 나타날 능력과 역량을 예상하는 것입니다. 이 역량 면접이 바로 지원자가 현재 보여주고 있는 재료를 가지고 미래의 멋진 작품을 만들기 위한 채용 면접관들의 노력이라 볼 수 있습니다.

교회활동이나 동아리, 선교단체, 프로젝트활동, 학과 모임, 취업 동아리 등의 조직관리 경험을 묻는 면접 질문을 통해 채용 면접관들이 알 수 있는 것은 무엇일까요? 다음의 역량 면접에 도전해보기 바랍니다.

채용 면접관의 성과 파악 질문:

1. 회사와 동아리, 대학 청년부 조직의 특징과 조직 구성의 차이점이 무엇이라고 생각하나요? 가장 큰 조직 운영상의 갈등 요소는 어디에 있던가요?

➡ 채용 면접관은 이 질문으로 조직이 어떻게 구성되어 움직이는지 지원자의 관점을 알 수 있습니다.

성과 중심의 답변:

조직의 성과적인 차이나 조직 구성원들 사이의 조직목표에 대한 이해의 차이를 구체적인 예로 들어 풀어나가십시오. 예를 들면 회사—이윤과 투자, 동아리—친목과 단합, 대학 청년—선교 비전과 사회적 영향력이 쉬운 예입니다.

2. 교회와 동아리 각각의 임원 선출 방식과 그 업무는 어떻게 편성되며, 신입 회원 관리는 어떻게 하죠? 어떤 프로그램들이 좋던가요? 개선 사항들이 있었나요?

➡ 채용 면접관은 이 질문으로 조직관리와 역할에 대한 관점을 알 수 있고, 입사 후 조직 적응의 속도를 측정할 수 있습니다.

성과 중심의 답변:

임원 선발 과정과 그 결과 공유, 투표를 통해 벌어지는 조직 에너지 활용의 예를 들어 조직관리자들이 어떻게 역할을 구분하고, 어떻게 조직의 신입 회원을 적응하게 하는지 사례를 들어 설명하면 됩니다.

3. 대학부와 동아리 각각의 활동 중에 가장 어려운 점이 무엇이었나요? 학교 연합동아리 활동과 같이 교회에서의 활동도 유사한 문제해결 과정이 있었을 텐데 구체적으로 어떻게 해결했나요?

➡ 채용 면접관은 이 질문으로 문제해결과 의사결정 기법을 알 수 있습니다.

성과 중심의 답변:

구성원들의 목표와 동질성 공유, 조직 운영상의 특성과 발생 문제점을 구체적으로 답변하도록 해야 합니다. 문제해결과 의사결정은 늘 함께 다니는 커플입니다. 성실히 문제해결을 위해 노력했다고만 하지 말고, 문제의 불가피성과 그 해결 과정상의 멤버들 참여도 포함시키면 채용 면접관의 우호성이 높아집니다.

회사가 원하는 성과에 주목하기

신앙생활을 하든 안 하든 간에 '회사생활을 통해 이룰 수 있는 멋진 결과와 성과들은 어떤 것이 있을까?' 이 문제를 고민하지 않고 하루하루를 살아가는 직장인은 없을 것입니다. 이런 고민들이 면접 현장에서 제대로 전달되어야 채용 면접관들이 확신을 가지고 합격 도장을 찍을 수 있습니다.

신입사원으로 회사에 처음 들어갔을 때를 생각해보기 바랍니다. 입사 후 처음 업무가 주어지면 그 업무를 어떻게 해야 할지 깊이 생각할 것이고, 가장 효율적인 방법과 노력으로 최선을 다할 것입니다. 기업이 가장 중요시 여기는 매출과 순이익을 많이 늘리는 것도 성과의 한 단면으로 이해할 수 있습니다. 또는 소중한 고객들과의 다양한 만남과 교류를 통해 회사 이미지와 브랜드 선호도를 1년 전에 비해 50% 이상 올리는 것도 좋은 성과 중의 하나입니다. 특히 회사 안에서 커뮤니케이션을 활발하게 하여 직원들의 애사심과 업무 집중도를 배나 늘리게 하는 것도 좋은 성과 중의 하나입니다.

이와 같이 '성과'라는 것은 (1) 회사의 경제적 성장 또는 (2) 고객 브랜드 선호 증대와 시장점유율 증대, (3) 직원 몰입도 향상이라는 다소 전문적인 결과를 빚게 되는 것을 '탁월한 성과'라 말합니다.

이런 점을 잘 기억하는 입사 지원자는 면접 현장에서 단순히 열심히 한 이야기, 최선을 다한 이야기, 밤새워 고생한 이야기를 하면서 "저는 성실하니 뽑아 주세요"라고 말하지 않습니다. 고생한 결과가 회사에 경제적 성장에 기여할 수 있는지, 또는 고객과 시장점유율을 늘릴 수 있는지, 그리고 직원들의 만족도에 영향을 줄 수 있는지 등의 지원자 역할에 대해 철저히 '사례 중심'으로 세일즈·마케팅해야 합니다. 사례가 없으면 '외운 답변을 하고 있구나'

라고 채용 면접관들은 생각하기 때문입니다.

그래서 지원자들의 답변 끝나는 말투가 "무엇이라고 생각합니다"라는 전형적인 '생각 답변'은 채용 면접관들이 신뢰 면에서 높은 점수를 거부하고, 그다음 압박 질문이라는 더 어려운 심층 질문 카드를 꺼내기도 합니다. 신문에도 가끔 요즘의 면접 유형에 "압박질문Stress Question이 많이 나온다"라는 기사를 볼 수 있는데, 그 근본적인 이유가 바로 지원자의 면접 답변이 '생각 차원'에서 맴돌거나 회사가 원하는 '성과에 다가가지 못하고 있다'고 지적하고 있습니다.

그런데 회사나 조직이 원하고 기대하는 다양한 '성과'라는 것은, 돈 많이 버는 것과 고객 증대, 대인관계 같은 것뿐일까요? 그렇지 않습니다! 예를 들어 회사의 업무 프로세스를 아주 단순하게 만들어 서비스를 대폭 향상시켰다든지, 노조와의 정기적인 커뮤니케이션의 장(場)을 마련하여 노사 분규가 현저히 줄었다든지, 구매 회사로부터 관례적으로 명절 상품권 받는 것을 없애고 보다 신뢰성 있는 구매 회사 가격 결정 시스템을 만들었다든지 하는 것이 있습니다. 이런 예들은 실제적으로 회사를 운영하는 경영진들에게는 엄청난 관심과 반응을 얻을 수 있는 사안들입니다. 그런데 면접을 보는 입사 지원자들로부터 이런 답변을 기대할 수는 없겠지요. 경험이 다소 부족하기 때문일 겁니다. 그런데 입사하기 전부터라도 그런 혁신적이고 창의적인 성과를 얻을 수 있다는 확신이 느껴지는 답변을 한다면 아마 열의를 가지고 면접 과정에서 그 지원자를 채용할 것입니다.

실제 채용 면접관들이 가진 높은 기대 수준은 학점이 월등히 높은 지원자들이나, 우수한 미국의 경영대학원 졸업자이거나, 뛰어난 어학 실력이 있고 업무에 필요한 자격증을 다섯 개나 가지고 있거나, 또는 특이한 학과를 졸업한 지원자들에게 향하지 않습니다. 회사에서는 이를 채용에 필요한 5가지 중요한 필수 요건이라 하여 '빅 파이브BIG 5'라 합니다. 학교와 학과, 학점, 어학 그리고 자격증 이 다섯 가지 스펙으로 지원자들을 1차로 서류 전형에서 선발하고 탈락시킵니다. 가슴 아픈 사실은 100명의 신입사원을 선발하는 회사가 있다고 가정한다면, 실제 지원자는 10,000명 정도로 100대 1의 경쟁률로 선발됩니다. 이 과정에서 서류 전형이라는 절차를 거치는데, 바로 다섯 가지 기본적인 요건으로 심사하고, 이를 통과하더라도 인성 면접, 토론 면접, 그리고 발표 면접에서 '성과와 결실' 있는 답변을 한 지원자만 선발한다는 점입니다.

어떻게 하면 어렵게 통과한 서류 전형과 면접에서 지원자만의 탁월한 성과를 어필할 수 있을까요? 채용 면접관들이 찾는 성과 중심의 답변은 어떤 표현에서 강하게 느낄까요?

절대 스토리텔링으로 답변을 하지 않는 것이 우선 중요합니다. 앞서 언급한 '생각 답변'을 제거하는 것과 더불어 '불필요한 과정이 담긴 스토리'를 제거해야 좋은 답변이라 인정받습니다. 즉 스토리텔링 기법을 통해 점수를 많이 얻을 것 같은 생각으로 "열심히 노력했다"라는 과정을 설명하지만, 실제 결과는 면접 탈락인 경우가 많습니다. 스토리텔링 기법은 사람들에게 충분한 여유와 관심, 그리고 편안함이 전제된 가운데 생길 수 있는 푹신한 소파 같은 대화 기법입니다. 그런데 실제 취업 면접이 이루어지는 회사의 면접 장소는 충분한 여유가 제한되고, 관심이 극히 한정적이고, 오히려 모든 관심은 지원자의 회사에서의 성공 여부에 집중합니다. 더군다나 엄중한 회사의 회의실은 푹신한 소파와는 거리가 먼 딱딱한 철제 의자 같은 고문의 이미지가 연상될 수 있는 곳입니다. 그런 곳에서 스토리텔링 기법은 채용 면접관과 지원자를 가슴 답답하고 지루하게 만들 수 있습니다.

비슷한 비유를 들어보면 출발 바로 직전, 차 타고 목적지에 빨리 가야 하는 채용 면접관에게 행선지 날씨가 좋냐, 연비 얼마냐고 묻는 것과 같은 답답한 모양새가 연출되는 격입니다.

스토리텔링 기법이 가지고 있는 장점이 면접장에서는 그렇게 설득력을 잃어버리는 경우를 많이 보아왔습니다. 말의 재미를 더하기 위해 쓰인 다양한 기승전결 기법과 클라이맥스 전략들이 채용 면접관들에게는 그다지 신뢰성을 더하지 못합니다. 단지 면접 질문에 대응하는 박진감은 더할지 모르지만 채용 면접관들이 갈급하는 성과와 결과, 우수성과 탁월성, 경쟁력과 차별성 같은 회사의 우수 인재를 뽑는 데 필요한 요건은 제시해주지 못합니다.

크리스천 지원자라고 예외는 아닙니다. 오히려 위축된 모습을 보이는 경우도 있는데, 그 이유는 '성과'라고 하는 결과물을 끌어내는 데 필요한 사회적 경향과 사례의 풍성함이 신앙 없는 사람들보다 적기 때문일 수도 있다는 생각이 듭니다. 결론적으로 신앙이라고 하는 경쟁력을 면접 현장에서 30배, 60배, 100배의 결실이 있게 할 수 있을까 고민해야 할 때가 온 것 같습니다. 뱀같은 지혜로움과 비둘기 같은 순수함 중에서 성과를 이끌어내는 지혜가 지원자들에게 더 필요하다 할 것입니다. 열심히 기도하고 열심히 신앙생활한 결과로 얻어지는 성과가 무엇인가라는 것이 '믿음의 성장'이라고 한다면, 그다지 할 말이 없지만 그래도 끄집어 낼 수 있는 성과가 많아야 한다는 생각을 하면 답은 어렵지 않게 얻을 수 있습니다.

깊도다 하나님의 지혜와 지식의 부요함이여, 그의 판단은 측량치 못할 것이며 그의 길은 찾지 못할 것이로다 누가 주의 마음을 알았느뇨 누가 그의 모사가 되었느뇨 누가 주께 먼저 드려서 갚으심을 받겠느뇨.

Oh, the depth of the riches of the wisdom and knowledge of God! How unsearchable his judgments, and his paths beyond tracing out! "Who has known the mind of the Lord? Or who has been his counselor?"

로마서 11: 33~34

02

지원한 회사와 업무에 대해 깊게 공부를 안 했군요!

어느 조직이나 당면한 과제가 있습니다. 그 당면 과제를 풀기 위해 다방면의 노력을 합니다. 기업에서 특히 새로이 사람을 뽑는다면 아마 그 당면 과제를 풀기 위해서일 것입니다. 새로이 뽑은 사람들이 새로운 시각과 능력, 안목, 아이디어를 가지고 조직과 기업이 처한 당면 과제들을 잘 풀어내도록 교육하여 그에 따른 보상으로 월급을 줍니다. 물론 성과에 따라서 기여도가 높은 직원들에게는 높은 보상이 주어지고, 그렇지 않은 직원들은 적은 보상이 주어지기 마련입니다. 이 과제를 'CBI Critical Business Issue'라고 하며, 주요 기업의 '사업적인 현안' 또는 경영목표, 사업 전략, 경영방침 등의 이름을 붙여, 주어진 기한 내에 해결하고자 합니다.

매년 초 경제신문 주요 면에 "올해의 주요 기업의 경영방침"을 발표하면, 이를 유심히 보는 사람들은 당연히 그 기업에 소속된 사람이나 연관 사업체의 관련자일 것입니다. 문제의 해결책은 바로 여기에서 출발합니다.

주요 그룹 2010년 경영목표와 전략

삼성	• 대부분 계열사 매출 목표 올해보다 두 자릿수 이상 확대 • 삼성전자 내년 매출 150조 원 안팎, 시설투자 8조5000억 원(21.4% 증가) • 속도경영 가소고하, 중국 공략 강화, 공격적 마케팅 • LED TV 판매 내년 1000만 대로 늘려(올해 300만 대)
현대·기아차	• 내년 차 판매 530여 만 대(올해보다 15%대 증가) • 계열사 실행 전략 수립, 연내 임원인사, 신모델 출시 가속화, 신차 효과 유지 • 중·소형차 중심으로 미국, 중국, 인도 시장점유율 확대
LG	• 이번 주 경영전략 수립 컨센서스 미팅 마무리 • 고위 경영진 인사 연재 단행, 실행전략 시행 • 적극적인 시장 공략과 투자 집행
SK	• 12월 중순께 내년 사업계획 확정, 연구개발 투자비 확대로 공격경영 • 최태원 회장 "파도 속에서 전진"목표, 생존에서 성장으로 경영방침 수정
롯데	• 글로벌 사업 역량 강화　　• 러시아 모스크바 호텔 내년 초 완공 • 베트남 하노이, 중국 선양 복합단지 등 건설 차질 없이 추진 • 맥주사업 진출
포스코	• 대형 인수·합병과 동남아 시장 적극 진출 • 설비투자 4조5000억 원 이상 • 인도·인도네시아 제철소 착공 추진
두산	• 이번 주 경영전략 수립 컨센서스 미팅 마무리 • 고위 경영진 인사 연재 단행, 실행전략 시행
한진	• 이번 주 경영전략 수립 컨센서스 미팅 마무리 • 고위 경영진 인사 연재 단행, 실행전략 시행

'기업의 경영목표를 이해하는 것은 행복한 결혼을 위한 신부의 준비와 같습니다'

취업을 준비하거나, 기업을 연구하든지 간에 기업을 알지 못한 채 입사를 꿈꾸는 구직자들이 많다는 사실은, 유능한 인재를 뽑아야 하는 채용 면접관들에게 서글픈 일이 아닐 수 없습니다. 예를 들어, 결혼을 앞둔 예비 신부가

있다고 가정해봅시다. 결혼할 신랑에 대해 최소한 아래의 정보와 기본적인
내용들을 알고자 할 것입니다.

1. 이름과 나이, 태어난 곳 그리고 현재 사는 곳
2. 하는 일과 그 일을 통해 벌어들이는 수입의 규모와 수준
3. 다양한 친구들과 친하게 지내는 사람들과의 대인관계
4. 어떤 일을 잘하는지 또 그 일을 위한 육체적, 정신적 건강 상태
5. 현재 하고 있는 직업이나 하고자 하는 일에 대한 내용
6. 미래의 꿈과 비전을 같이 나눌 수 있는지에 대한 소망

이런 여러 가지 사실 관계는 결혼을 앞둔 예비 신부에게는 아주 기본적인
정보가 되고, 그 정보를 통해 결혼이라는 동반의 삶을 꿈꿉니다. 기업에 입사
하고자 하는 구직자로서도 당연히 아래의 사항들에 대해 알고자 하고 알아야
할 것입니다. 이런 내용들은 앞서 소개한 결혼할 상대와의 친밀감과 인생의
동반자로서의 모습에 어느 것 하나도 미흡할 수 없는 내용들이라 할 수 있습
니다. 만약 어느 정보 하나라도 거짓이 있거나 미흡한 내용이 발견되면 서로
의 불신이 쌓여 원만한 결혼생활을 할 수 없습니다. 기업의 상황과 대비해보
면 아주 쉽게 기업과 직무에 대한 정보와 미리 알아야 할 내용들로 정리할 수
있습니다.

1. 기업이 태동한 역사와 사업적인 기반과 토대, 창업주의 창업 정신과 철학 등
2. 사업의 운영 방향과 영업의 특성, 제품, 매출액, 영업이익과 순이익의 규모
3. 고객들과의 소비자 특성, 소비자의 평가, 주가 현황, 주가 변동과 추이 등

4. 현재 주요 핵심 사업과 제품 역량과 전략, 그리고 재무적 건전성 등의 재정 수준

5. 시장의 이슈와 이에 대한 노력, 고민, 경영진의 대책과 시장의 전망 등의 모습

6. 입사 후 신입사원으로서 할 일과 구체적인 성과, 미래 3, 6, 10년의 비전과 계획

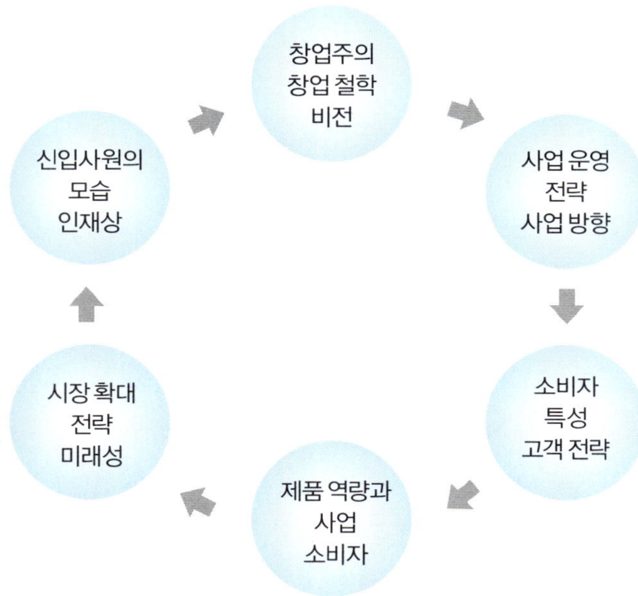

이런 기업에 대한 최소한의 연구 내용들은 요즘과 같이 취업난을 겪고 있는 상황에서 더욱 필요한 정보라고 할 수 있습니다. 그런데 실제 상황은 반대로 되고 있습니다. 즉 일단은 취업과 구직이 급한 지원자들은 입사지원서와 자기소개서에 들어가 있는 회사 이름을 컴퓨터의 Ctrl+A(전체 선택)와 Ctrl+F(찾기)라는 탁월한 기능을 통해 찾기 및 바꾸기를 합니다.

Q 입사 후 어떤 일을 하고 싶으며, 이를 위해 본인이 무엇을 어떻게 준비해왔는지 구체적으로 기술하십시오. (800자 10단락 이내)

A SK는 저의 비전이자 인생 항해의 등대입니다.

저는 SK Telecom에서 통화품질 향상을 위해 밤낮으로 노력하는 연구&개발 분야에서 일하고 싶습니다. SK Telecom은 한국에서 가입자 수 1위를 유지하고 있으며, 최고의 이동 통신망을 보유하고 있는 기업입니다. 그러나 이런 좋은 통신망에도 불구하고 시스템의 통제가 미치지 못하고, 여러 경우에서 잡음이 생긴다든지 또는 신호가 잘 안 잡힌다든지 하는 통화품질 저하 현상이 나타납니다. SK Telecom이 부동의 1위 자리를 유지하고 더 많은 가입자를 유치하기 위해서는 통화품질 향상이 매우 중요하다고 생각합니다. 그래서 이런 중요한 과제를 풀 수 있는 SK Telecom 기술 분야에서 품질 좋은 서비스를 제공하는 데 일조하고 싶습니다. 이를 위해서 이동 통신기술에 대한 많은 지식을 쌓기 위해 노력했습니다. 이동 통신에 대한 관심으로, 학부생의 신분으로 고수님 연구실에서 한 학기 동안 경험을 했습니다. 대학원생들과 함께하는 세미나를 통해 SK Telecom을 비롯한 이동 통신 시스템의 전반적인 체계와 향후 나아갈 방향 그리고 최신 기술 동향을 배울 수 있었습니다. 그리고 교수님과 대학원생이 하는 SK Telecom 프로젝트를 보면서 현재 이슈가 되는 기술과 발전되어야 할 문제들을 파악할 수 있었습니다. 또한 전공 공부도 게을리 하지 않았습니다. 무선통신공학 전공과목을 배우면서 기본적인 무선 통신기술들을 배울 수 있었습니다. 미력하나마 학교에서 배운 지식을 바탕으로 전공을 활용해서 적용할 수 있다면 그 성취감은 더욱 커질 것이라고 확신합니다. 동종 업계 중 최고의 위치에 있는 SK Telecom에서 일류 엔지니어가 되고 싶습니다.

 입사 동기와 자신에게 부합하는 역량을 500자 내외로 간략히 서술하시오.

 KTF는 저의 Vision이면서, 인생 항해의 Lighthouse입니다.

저는 KTF에서 통화품질 향상을 위해 밤낮으로 노력하는 연구&개발 분야에서 일하고 싶습니다. KTF는 한국에서 가입자 수 2위를 유지하고 있으며, 최고의 이동 통신망을 보유하고 있는 기업입니다. 그러나 이런 좋은 통신망에도 불구하고 시스템의 통제가 미치지 못하고, 여러 경우에서 잡음이 생긴다든지 또는 신호가 잘 안 잡힌다든지 하는 통화품질 저하 현상이 나타납니다. KTF가 부동의 1위 자리를 따라잡고 더 많은 가입자를 유치하기 위해서는 통화품질 향상이 매우 중요하다고 생각합니다. 그래서 이런 중요한 과제를 풀 수 있는 KTF 기술 분야에서 품질 좋은 서비스를 제공하는 데 일조하고 싶습니다. 이를 위해서 이동 통신기술에 대한 많은 지식을 쌓기 위해 노력했습니다. 이동 통신에 대한 관심으로, 학부생의 신분으로 교수님 연구실에서 한 학기 동안 경험을 했습니다. 대학원생들과 함께하는 세미나를 통해 KTF를 비롯한 이동 통신시스템의 전반적인 체계와 향후 나아갈 방향 그리고 최신 기술 동향을 배울 수 있었습니다. 그리고 교수님과 대학원생이 하는 KTF 프로젝트를 보면서 현재 이슈가 되는 기술과 발전되어야 할 문제들을 파악할 수 있었습니다. 또한 전공 공부도 게을리 하지 않았습니다. 무선통신공학 전공과목을 배우면서 기본적인 무선 통신기술들을 배울 수 있었습니다. 미력하나마 학교에서 배운 지식을 바탕으로 전공을 활용해서 적용할 수 있다면 그 성취감은 더욱 커질 것이라고 확신합니다. 동종 업계 중 최고의 위치에 있는 KTF에서 일류가 되고 싶습니다.

Q 입사 동기와 지원하신 직무를 잘 수행하기 위하여 어떤 준비를 했는지를 본인의 경험과 관련하여 기술해주세요.

A CJ라는 멋진 풍경화의 화가가 되겠습니다

'이렇게까지 해야 하나' 싶으면 해야 하고, '이렇게 해도 되나' 싶으면 하지 말아야 할 일이라고 합니다. 학창 시절부터 대학생까지 다양한 서비스업 아르바이트를 경험하면서 고객에 대한 헌신적이고 정직한 태도를 몸에 익혔습니다. 이러한 자세로 고객님을 대할 때 느껴지는 고객님의 기쁨은, 저를 보람 있고 행복한 하루를 보낼 수 있게 하는 선물이었습니다. 몇 시간씩 서서 일하며 근무 시간도 일정하지 않았고, 다소 까다로운 고객님도 많이 만났습니다. 하지만 그 선물이 다른 편한 아르바이트를 제치고 저를 서비스업, 특히 외식/프랜차이즈 업종에서 헤어 나오지 못하게 한 결정적인 동기였습니다. 위와 같은 마음가짐으로 현장에서 외식/프랜차이즈 서비스업을 경험한 후 이제는 그 마음 그대로 브랜드를 위한 더 큰 그림을 그리고 싶습니다. CJ만의 독특한 고객 사랑 문화를 만들어내어 고객의 마음속에 자리 잡고 싶습니다. 이를 위해 일상생활에서도 늘 장기적, 중기적, 단기적 목표를 세워 차근차근 실행해나가는 습관을 길렀고, 경영학을 전공하여 다양한 과목을 들으며 견문을 넓히려는 노력도 하였습니다. 또한 외식/프랜차이즈 업계의 최신 트랜드를 파악하기 위해 관련 잡지와 신문을 늘 가까이 하고 있습니다. CJ의 큰 그림을 설계하고 비전을 달성하기 위한 전략기획 수행자로서 몸 던져 일할 준비가 되어 있습니다. 다년간 쌓아온 고객에 대한 통찰력과 이 분야에 대한 트랜드 분석력 등은 제 경쟁 우위로서, 제 일을 사랑하며 CJ와 함께 성장해나가는 데에 핵심 역량이 될 것입니다.

 우리 회사에 지원하면서 자신의 각오와 꿈, 비전을 정리해보십시오.

 SPC라는 한 폭의 아름다운 정물화의 화가가 되겠습니다.

'정말 이렇게까지 해야 하나' 싶으면 해야 하고, '이렇게 해도 되나' 싶으면 하지 말아야 할 일이라고 합니다. 학창 시절부터 대학생까지 다양한 서비스업 아르바이트를 경험하면서 고객에 대한 헌신적이고 정직한 태도를 몸에 익혔습니다. 이러한 자세로 고객님을 대할 때 느껴지는 고객님의 기쁨은, 저를 보람 있고 행복한 하루를 보낼 수 있게 하는 선물이었습니다. 몇 시간씩 서서 일하며 근무 시간도 일정하지 않았고, 다소 까다로운 고객님도 많이 만났습니다. 하지만 그 선물이 다른 편한 아르바이트를 제치고 저를 서비스업, 특히 외식/프랜차이즈 업종에서 헤어 나오지 못하게 한 결정적인 동기였습니다. 위와 같은 마음가짐으로 현장에서 외식/프랜차이즈 서비스업을 경험한 후, 이제는 그 마음 그대로 브랜드를 위한 더 큰 그림을 그리고 싶습니다. SPC만의 독특한 고객 사랑 문화를 만들어내어 고객의 마음속에 자리 잡고 싶습니다. 이를 위해 일상생활에서도 늘 장기적, 중기적, 단기적 목표를 세워 차근차근 실행해나가는 습관을 길렀고, 경영학을 전공하여 다양한 과목을 들으며 견문을 넓히려는 노력도 하였습니다. 또한 외식/프랜차이즈 업계의 최신 트랜드를 파악하기 위해 관련 잡지와 신문을 늘 가까이 하고 있습니다. SPC의 큰 그림을 설계하고 비전을 달성하기 위한 전략 기획 수행자로서 몸 던져 일할 준비가 되어 있습니다. 다년간 쌓아온 고객에 대한 통찰력과 이 분야에 대한 트랜드 분석력 등은 제 경쟁 우위로써, 제 일을 사랑하며 SPC와 함께 성장해나가는 데에 핵심 역량이 될 것입니다.

여러분이 채용 면접관이라면 이런 지원자를 만나면 어떻게 하겠습니까? 이런 황당한 경우를 예사롭게 보지 말아야 할 사람은 채용 면접관뿐만 아니라 회사를 지원하는 지원자도 더 심각하게 받아들여야 합니다. 다행히 요즘은 컴퓨터로 기계적인 심사 기능이 강화되어 이런 입사지원서는 당연히 걸러지게 마련이지만, 문제는 이렇게 입사를 준비하는 지원자들이 많아지면 많아질수록 인재 선발의 난이도는 더욱 복잡해지고 어려워질 수밖에 없습니다.

크리스천 지원자는 정직을 생명으로 여기기 때문에 그렇지 않을 거라고 생각하지 않습니다. 실은 더 많은 지원서를 쓰는 경향이 있는 크리스천들의 모습을 통해 지원 회사와 직무를 고려하지 않은 '회사 이름 바꾸기 지원서' 또는 '묻지마 지원서'가 많이 있을 것으로 판단됩니다.

이런 현상들을 통해 '베끼는 문화'의 잘못에 대해 말하는 것이 일반적인 채용 면접관의 입장입니다. 한걸음 더 나아가 진정으로 더 큰 문제는 입사지원서에 나와 있는 내용들이 과연 기업이나 새로운 조직에 입사하는 사람들이 알고 있어야 할 깊이와 넓이를 가지고 있는가 하는 점을 채용 면접관들은 주목하게 됩니다. 지원자들이 면접 질문에 흔히 응답하는 내용들은 다음의 여러 이유들로 채용 면접관들을 답답하게 합니다.

- 지원하는 기업의 경영 철학이나 인재상을 무작정 의미 없이 외워대는 '암기달인형'
- 피상적인 기업의 선호도를 말하며 어린 시절부터 이 회사 입사가 꿈이라는 '꿈돌이형'
- 자신의 미래와 함께 회사를 책임지겠다는 다소 뜬구름 잡는 듯한 '마징가제트형'
- 회사나 기업의 사업 비전보다 급여, 복리후생, 대학원 지원 등에만 관심 있는 '실속형'

이런 기업에 대한 몰이해는 신랑을 제대로 알지 못하고 고르는 신부의 마음과 같이 인생의 반려자를 찾으려는 노력이 미흡한 경우와 같다고 채용 면접관은 판단합니다. 특히 크리스천 지원자는 지원하는 기업의 문화와 신앙적 배경, 제품과 서비스의 윤리성, 회사 구성원들의 공유된 문화와 가치관에 대해 잘 아는 것이 정말 중요합니다. 그런데도 그 기업의 기본적인 ABC 조차 알아보지 않고 지원한 후 나중에 후회하거나 퇴사를 고민하는 것은 바로 이런 선행 연구가 전혀 안 되어 있기 때문이라고 할 수 있습니다. 이처럼 당연히 자신의 미래의 삶을 동반하게 될 조직 또는 회사에 대한 연구는 필수적인 인생 여정의 나침반을 찾는 극히 중요한 과정이라 할 수 있습니다.

우선, 지원하는 기업이나 회사가 처음 태동하고 성장한 기본적인 역사와 사업의 기반을 파악해야 합니다. 그 모습을 통해서 창업자가 그 사업을 창업할 당시의 의미 깊은 경륜과 직관을 읽을 수 있기 때문입니다. 나아가 회사가 추구하는 기업 정신을 기본적으로 이해하고, 지원자 자신의 경력에 대한 기대와 열정을 서로 맞추어 볼 수 있습니다. 즉 과거의 기업이 생길 때 첫 삽을 뜨는 모습을 제대로 바라보고 이를 통해 (1) 과거의 태동기 사업 비전과 (2) 현재의 모습에 대한 새로운 해석과 (3) 미래 성장이 개인에게 어떤 영향을 줄 수 있는지를 말할 수 있습니다. 지원서를 쓸 때나 채용 면접관 앞에서 지원 소신을 밝힐 때 그러한 과거-현재-미래의 일관성 있는 답변을 통해 남들에게서 찾아볼 수 없는 탁월성이 드러나는 것입니다. 아래와 같은 답변은 채용 면접관들의 귀를 의심하게 할 정도의 핵심 인재 수준의 답변입니다.

저는 제가 지원함에 있어 이 회사의 과거-현재-미래에 흐르고 있는 기업 정신에 대해 남다른 비전을 갖고 있습니다. 처음 이 회사가 생길 때의 창업 정신이 홍익인간과 사업보국이었고, 이 정신은 다른 기업에서의 이윤 극대화와 미래 성장이라는 개념들과 그 맥락을 달리한다고 보고 있습니다. 저는 적어도 남다른 그 기업 정신이 현재의 사회 가치 변화와 인간 중심 경영의 관점에서 세상의 탁월한 변화를 만들어내고, 이를 통해 국가와 사회를 지탱할 수 있는 창조 정신의 원동력이라 믿습니다. 저는 그런 창조 정신에 기여할 수 있는 전문성과 역량으로 미래 고객과 성장 전략에 승부하고 싶습니다.

반대로 채용 면접관들이 듣기 싫어하는 지원 동기와 소신의 공통점은 "어렸을 때부터 이 회사", "꿈과 희망이 가득 찬 기업", "회사의 이름을 세계적으로 날리기 위해", "이 회사에 뼈를 묻겠습니다" 같은 표현과 어휘들로 이루어졌다는 것입니다. 즉 지원자 개인의 불확실하고 막연한 염원만 담겨 있음을 단번에 알 수 있습니다. 채용 면접관들이 기대하는 표현들이나 지원 소신들은 구체적이고 기업에 대한 상세한 연구의 흔적이 보여야 한다는 것입니다. 왜냐하면 사업 전략과 소비자 경쟁 관계, 경쟁 우위와 시장점유율market share, 그리고 전문적인 역량과 같이 회사에 입사하여 바로 활용할 수 있다는 전제에서 지원자의 신뢰도와 믿음직스러움을 엿볼 수 있기 때문입니다.

- 저는 어렸을 때부터 이 회사에 입사하는 것이 저의 가장 큰 소원이었습니다.
➡ 이렇게 바꾸어 봅시다: 저는 이 회사의 대체 에너지 사업 전략에 오랜 관심을 갖고 전문적 직무 역량을 많이 준비해왔습니다.

- 사람들에게 꿈과 희망을 주는 기업을 만들기 위해 이 회사를 지원했습니다.
➡ 이렇게 바꾸어 봅시다: 고객 분석을 토대로 B2B 시장에서의 소비자 전략과 고객 우위의 남다른 성과로 회사에 기여하고 싶습니다.

- •고객을 최고로 여기는 이 회사의 기업 정신이 마음에 들어 지원했습니다.
  - ➡ 이렇게 바꾸어 봅시다: 고객 최우선의 품질 우위 전략이 올해의 지속적 경영 목표로서 결실 맺는 데 제 실력을 발휘해 보겠습니다.

- •국제 무대에서 최고 영업맨으로 이름을 날리기 위해 해외영업을 지원했습니다.
  - ➡ 이렇게 바꾸어 봅시다: 글로벌 시장에서의 제품 우위와 시장점유율 확대를 위해 남미에서의 1년간 인턴 경험을 활용토록 하겠습니다.

- •공장은 제품 만드는 곳이 아니라, 고객을 만드는 곳입니다. 저의 뼈를 이 공장에 묻겠습니다.
  - ➡ 이렇게 바꾸어 봅시다: 공장은 공정과 기술과 품질과 혁신이 만나는 곳이라 믿습니다. 저의 4가지 전문 역량을 이곳에서 선보이고 싶습니다.

이 답변을 사용하는 데 있어 걸리는 문제는 평소 쓰지 않던 표현들이라는 점입니다. 평소에는 꿈과 희망이라는 말을 많이 사용하였지만, 지원 동기를 말할 때에는 보다 구체적이고 실질적인 표현으로 바뀌지 않으면 설득력이 없어 보입니다. 즉 막연한 꿈과 희망이 '전략과 비전'으로, 무조건적인 최고와 최선의 자세가 '경쟁 우위와 시장점유율'과 같은 말 표현으로 바뀌어야 한다는 것입니다. 그래야만 회사에서 핵심 인재로서 필요한 업무능력과 직무를 잘할 수 있는 전문성이 있다고 판단합니다.

불합격하는 대부분의 지원자는, 회사가 존재해야 하는 이유인 '이윤 남기기' 또는 '이윤 창출'과 '적은 비용으로 많은 이익 남기기'나 '경제적 효용성'에는 별로 관심이 없습니다. 단지 지원자 개인의 희망과 꿈, 소원들이 그 회사에 입사해서 성취되기를 막연히 기대하는 어리석음으로 가득 차 있습니다. 크리스천 지원자도 예외는 아닙니다.

그러나 우수한 점수로 합격하는 지원자를 보면, 입사지원서를 쓰는 과정에서부터 지원하는 회사의 업무 특성, 예를 들면 어떤 제품을 만들고, 어떤 차별점이 있고, 어떤 소비자를 주요 대상으로 하고, 얼마만큼 팔리고 하는 등의 업무 성격을 꿰뚫고 있다는 것입니다. 굳이 이윤 기업이 아니더라도 입사하는 조직의 목적과 미션, 사명을 충분히 120% 이해하고 그것에 대한 비전을 가슴에 품고 있어야 합니다. 물론 자신이 입사해서 해야 할 일에 대해 출근부터 퇴근까지 어떤 의제agenda를 가지고 일하는지도 꿰뚫고 있어야 합니다. 그리고 그 업무를 최고로 잘해낼 수 있다는 타당한 이유, 예를 들면 인턴생활을 통한 업무 경험이 충분히 있다든지, 어렵고 처음 접한 일도 탁월하게 실적을 올린 경험이 있다든지 하는 내용으로 증명할 수 있어야 합니다. 만약 그런 경험이 없거나 사례가 충분하지 않다면 열심히 공부해서 거둔 학업 성과나 기회가 되어 참여하게 된 교수님과의 어떤 프로젝트 경험을 꺼내세요. 또는 관심이 있어서 조사해본 자신만의 전문적이고 구체적인 직무 특성을 남다르게 준비해서 성과로 보여줌으로써 제대로 된 지원자의 모습을 보여줄 수 있어야 합니다. 즉 크리스천 지원자로서의 막강한 경쟁력은 생각에 대한 사례와 성공 경험이라는 점입니다. 그렇지 않으면 믿지 않는 지원자와 동일한 수준의 '쑥맥 지원자'라는 평가도 듣게 됩니다.

한 가지 신뢰를 더하는 팁을 생각해본다면 실제로 답변을 할 때에도 그냥 "인턴 경험이 중요하다고 생각합니다"라고만 하지 말고 "예를 들면, 인턴 할 때 이런 일이 있었습니다" 또는 "인턴생활의 실제적인 경우에 있어"라든가 "제가 경험한 업무와 연관된 실제 경험을 보충설명해 드리자면"과 같은 충분히 사실적인 예가 뒷받침하면 "엑설런트Excellent"라는 말을 듣게 됩니다. 그리고 당연히 압박 질문Stress Question이라는 것을 받지 않게 됩니다.

채용 면접관이 좋아하는 답변들을 정리해 보았습니다. 회사에 입사하는 우수 인재들에게서만 들을 수 있는 표현들입니다. 크리스천으로서 이런 표현들이 구사되고 이를 통해 다양한 조직에 안착하고 인정받는 첫 단추가 될 수 있을 것입니다.

1. 제가 겪은 인턴생활이 지원한 회사의 업무와 100% 부합하는 점이 있다면…
2. 제가 할 일을 3개월 인턴 시절 동안 직원처럼 야근하며 열심히 경험했습니다.
3. 품질관리 업무의 중요성은 OO상사에서 협력사와 직접 만나는 경험을 통해 배웠습니다.
4. 저는 인턴이었지만 실제 팀장회의에도 들어가고, 회의 자료도 직접 작성했습니다.
5. 복사만 하는 인턴 경력은 저의 자기소개서에서 찾아보실 수 없을 것입니다.
6. 시장조사 분석 보고서도 임원께 직접 보고 드린 적도 있습니다. 인턴으로 처음이었습니다.
7. 유학은 다녀오지 않았지만 유학생만큼의 글로벌 경험과 영어사용능력이 뛰어납니다.

사업의 운영 방향과 기본적인 영업의 특성, 제품, 매출액, 영업이익과 순이익, 고객들과의 소비자 특성, 소비자의 평가, 주가 현황, 주가 변동과 추이 같은 계량적 어휘들이 채용 면접관의 눈을 번쩍 띄게 할 수 있습니다.

채용 면접관들이 답답해하는 지원자 답변의 공통점은, 회사가 무엇으로 돈을 벌고, 특별히 그 번 돈으로 어떻게 제품과 서비스를 향상하는지를 잘 모른다는 점입니다. 지원자들은 대체로 회사의 막연한 기업문화와 보상 수준, 복리후생과 직원 육성 등과 같은 지원자 수혜 항목에만 관심을 가질 때가 많습니다. 그래서 회사의 제품 특성과 그 제품을 통해 얻어지는 매출, 영업이익, 그리고 주주들을 위해 반영되는 순이익의 규모에 지원자로서 기여할 수 있는 부분이 있어야 함을 간과합니다. 막연한 답변, 즉 고객 만족의 회사, 영업 극대화, 최고의 기업문화 등과 같은 추상적인 답변을 하면서도 회사가 원하는 완벽한 답변을 하고 있다고 생각합니다.

그렇지만 기업은 우수한 입사 지원자들을 채용함에 있어 무조건적으로 그 회사의 보상 혜택을 공유하고자 하지 않습니다. 개인으로부터 기여를 받게 되는 부분을 잘 감안하여 '성과'라는 이름으로 성과급, 급여, 보상 같은 것을 부여하고 공유하게 됩니다. 그래서 회사에 얼마나 기여하고 그 기여에 부응한 급여를 받는 것을 목표로 하는 지원자는 차별적인 답변을 들을 수 있게 됩니다.

우선 계량화된 숫자들을 잘 사용하고 이를 바탕으로 기업 운영에 대한 분석적, 구조적 마인드가 있어야 합니다. 회사가 가장 중요시 여기는 매출액의 규모와 그 규모의 개략적인 정보, 소비자들이나 고객들이 그 제품을 사주고 있는 특별한 경쟁력과 그 경쟁력의 최근 변화의 흐름, 재무제표를 읽고 알아야 한다는 것입니다. 그래서 그 경영지표가 말해주고 있는 영업이익의 규모와 순이익의 수준, 만약 주식시장에 상장되어 있다면 주주들과 시장에 얼마 정도로 거래되고 있는지 등을 꿰뚫고 있어야 한다는 것입니다. 그리고 회사에 대한 경영자적 관점에서 기본적인 내용을 파악하지 않으면 "왜 우리 회사에 입사하려고 하느냐?"는 질문에 "비전이 마음에 들어서"라는 거짓 답변을 하게 될 수도 있습니다. 즉 채용 면접관 귀에는 거짓말로 들린다는 뜻입니다.

왜 비전이 마음에 든다는 말이 거짓말일까요?

이를 잘 알 수 있는 척도로 좋은 모델이 있는데, 7개의 S법칙입니다. 채용 면접관들이 판단하는 비전은 6가지 기본 내용을 알고 있다는 전제에서부터 출발합니다. 전략Strategy과 조직 체계Structure, 시스템System, 직원 Staff, 문화 Style, 역량Skill, 이 6가지를 통합해서 '공유된 비전Shared Vision'이라는 이름으로 조직을 관리하고 운영합니다. 그래서 채용 면접관들은 지원자가 비전을 말할 때, 조직의 전략이 담겨 있는 제품과 서비스에 대해 알고 있을 것으로 생각하고 거기에 맞는 구체적이고 계량적인 근거가 나오기를 기대하기 마련입니다. 조직에 대해 알고 있으며 최소한 지원하는 부서가 어느 본부 산하에 편성되어 있고, 그 본부를 둘러싸고 있는 연관 팀들을 거명할 수 있기를 고대할 수도 있습니다. 이는 상품과 서비스가 어떻게 관리되고 판매되는지에 대한 시스템을 기업의 홈페이지에 나와 있는 기본적인 정보와 신문에 나온 심층적인 정보를 토대로 '개념Concept'이라도 언급해줄 것을 기대한다는 뜻입니다.

면접 보는 지원자의 거짓말에 극도의 민감한 반응을 보이는 크리스천 채용 면접관으로서가 아니라, 회사의 유능한 신입사원을 뽑는 채용 면접관으로서 이런 전략과 조직 체계, 그리고 시스템에 대한 기본적이고 계량화된 정보가 없으면 지원하지 않는 것이 좋습니다. 그것은 지원자뿐만 아니라, 회사도 시간과 노력을 아낄 수 있기 때문입니다. 입사 지원 동기를 말하라는 질문에서

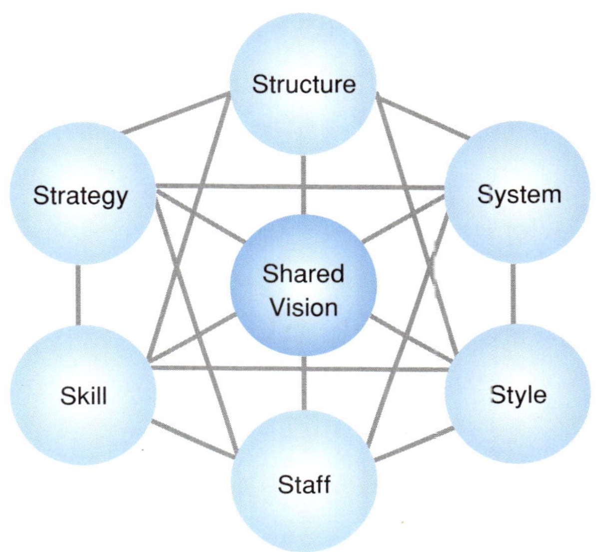

가장 많이 듣게 되는 거짓말 파트가 바로 회사에 대한 계량적인 기본 내용과 정보가 없다는 것입니다. 이에 당당히 맞서려면 바르 7s를 미리 파악하고 면접 준비를 해야 한다는 것입니다.

여러 회사를 지원하는 지원자들은 그 회사의 맞춤 답변을 위해 다양한 대본을 준비합니다. 만약 크리스천 지원자들이 이런 상황에 놓인다면 비크리스천과 동일하게 회사에 대한 기본적인 정보와 답변 전략 없이 회사 면접실에 들어가지 않기를 기대합니다. 왜냐하면 너무 일반적이고 차별화 없는 지원 동기와 불분명한 회사 정보로 답변하는 모습에서 종교 기재 항목에 나온 '기독교'라는 신앙관이 너무도 맞지 않다고 채용 면접관의 눈에 들어올 것이기 때문입니다. 그러한 이유로 '신앙을 가진 크리스천 지원자들이 보여줄 수 있는 장점이 무엇이 있냐'라고 고민해본다면 좋은 출발점에 서 있는 것입니다.

그렇다면 크리스천 지원자는 어떤 기업과 직무를 선택하고 그 선택의 이유를 말하는 것이 바른 면접 전략일까요? 첫째, 정직한 회사의 선택과 거기에 부합한 지원 동기의 조합이 필요합니다. 기업 정보가 없거나, 나날이 다른 기업 공시와 내용으로 지원자와 소비자를 현혹하는 기업은 앞서 말한 기업의 태동과 성장에 대한 신뢰도가 낮기 때문입니다. 취업 준비생으로서 기업이 가지고 있는 창업 정신과 남다른 투자 의지 파악은 기업의 성장과 발전을 확신할 수 있는 리트머스종이가 됩니다. 이러한 선택은 크리스천 지원자들이 가진 영적 분별력과 사업을 보는 관점이라 할 수 있습니다. 그래서 면접 현장에서도 기업을 태동시킨 창업자가 창업 당시 내다보았던 10년 후, 20년 후를 같이 바라보고 그 미래의 비전과 사업 성과를 면접의 답변 형태로 구체적으로 그려낼 수 없다면 지원하지 않은 것이 바람직한 회사 지원의 선택 기준입니다.

창업주께서는 주변의 많은 사람이 전쟁으로 상처입고 고통 가운데 희생되는 모습을 보고서 앞으로 50년 후, 이 사회에서 많은 환자와 질병으로 고생하는 환우들이 없도록 하는 것을 기업 비전으로 삼으셨습니다. 이런 비전과 열정에 저는 같은 배에 올라타는 심정으로 승선하고자 합니다. 비록 창업 당시의 상황은 아니지만 환경적, 정신적, 물리적으로 보다 건강한 사회를 위한 글로벌 제약회사로서의 위상에 참여하고 싶습니다.

채용 면접관들은 이러한 설득력과 근거에 그다음 질문 선정에 고민하게 됩니다. 그리고 회사와 생사고락을 같이한다는 의미의 '같은 배'를 타고자 하는 지원자에게 '저 지원자는 다른 좋은 회사도 지원했을 거야'라는 생각을 하지 않습니다. 만약에 한다 하더라도 종교 기재 항목에 '기독교'를 유심히 보게 되기 마련입니다. "같은 배, 동참, 기여, 협력, 동질성, 참여"와 같은 표현이 신앙생활을 통해 익숙해져 있는 의미임을 한층 드러낼 필요가 있는 포인트라 할 수 있습니다. 이것이 바로 면접에 있어 가장 중요한 일관성 유지 부분입니다. 크리스천 지원자의 확실한 신뢰도 확보 전략입니다.

둘째, 기업을 통해 어떤 영향력을 끼쳐서 사회를 변화시킬 것인가에 대한 의지의 표현 전략이 필요합니다. 지원한 회사의 사업 운영 방향과 기본적인 영업의 특성, 그리고 제품, 매출액, 영업이익과 순이익 같은 것들의 본질을 파악한 결과를 '변화와 영향력'의 다양한 양상을 통해 풀어내는 것입니다. 기업에서의 변화와 영향력이란 오로지 돈을 많이 버는 것이라 말하는 사람은 기초적인 시각만 가지고 있다고 볼 수 있습니다. "그렇게 많이 번 돈으로 무엇 하시겠습니까?"라고 물을 때, 빙그레 웃으며 사회의 변화와 화합에 대한 영향력을 말할 줄 알아야 한다는 것입니다. 그것이 바로 '공부해서 남 주는 논리'와 동일합니다. 크리스천적인 강한 저력은 이런 대응을 통해 자연스럽게 나타나는 것을 면접 현장에서 많이 체험합니다.

단지 채용 면접관의 눈에 들기 위해 지원할 회사와 업무에 대해 연구하는 것은 초급 수준입니다. 결혼할 상대에 대해 연구할 정도의 깊이로 기업과 직무 연구를 한다면, 그리고 그것을 논리 정연하게 말할 수 있다면 그것이 바로 120점에 해당하는 우수 인재들의 구직 전략입니다. 회사의 채용 면접관에게 100% 완벽하게 설명할 수는 없지만 기업과 직무에 대한 깊이 있는 성찰을 통해 기업 비전과 경영 철학이 공유될 수 있다면 우수한 인재로서 뿐만 아니라 신실한 크리스천 지원자로서의 면모를 확실히 인지시킬 수 있는 전략이 될 것입니다.

그가 모든 지혜와 총명으로 우리에게 넘치게 하사 그 뜻의 비밀을 우리에게 알리셨으니 곧 그 기쁘심을 따라 그리스도 안에서 때가 찬 경륜을 위하여 예정하신 것이니 하늘에 있는 것이나 땅에 있는 것이 다 그리스도 안에서 통일되게 하려 하심이라.

And he made known to us the mystery of his will according to his good pleasure, which he purposed in Christ, to be put into effect when the times will have reached their fulfillment--to bring all things in heaven and on earth together under one head, even Christ.

에베소서 1: 8~10

03 다양한 조직 내에서 대인관계 사례와 경험이 부족하군요!

크리스천 지원자들에게 남에게 찾기 어려운 장점Strength이 있는지 물어보면 자신 있는 어조로 "친구가 많다", "대인관계가 좋다"라고 답하는 경우가 많습니다. 그러면서 휴대전화에 있는 자신의 등록된 친구들 또는 지인들을 보여주는 지원자도 있습니다. 그리고 이 지원자는 자신이 대인관계에 성공했다고 생각하며 새로 시작될 사회생활에서도 성공을 예상하며 채용 면접관이 이를 근거로 합격시켜주기를 기대합니다. 과연 채용 면접관들은 그런 대인관계에 대한 답변을 어떻게 생각할까요? 객관식 문제로 내보겠습니다.

1. 때마침 종교 항목에 '기독교'로 기재된 것을 발견하고 당연히 대인관계가 좋다고 믿는다.
2. 친구들의 리스트를 물증으로 보이는 만큼 신뢰성이 높다고 생각한다.
3. 이런 문제에 대비해 면접 때 휴대전화를 가지고 오는 점에 기특하게 생각한다.

4. 아무런 연관성이 없음을 지적하고, 실제 남다른 대인관계의 성공, 갈등 유형을 압박 질문으로 던져본다.

정답은 4번입니다. 채용 면접관들은 크리스천 지원자들의 대인관계를 판단할 때 종교적인 성향이 좋으면 대인관계나 그것이 얽힌 문제해결을 잘할 것으로 보지 않습니다. 교회에 출석하는 이유만으로, 신앙에 충실한 이유만으로 그렇게 판단하지 않다는 뜻입니다. 오히려 대인관계가 신앙과 교회의 틀에 갇혀서 편협하고 배타적일 거라 생각하는 채용 면접관도 있습니다. 그리고 휴대전화의 수많은 친구 리스트는 단순한 친구들의 전화번호부일 뿐 지원자의 인성과 적성, 직무에 필요한 대인관계 전문성, 문제해결과 전혀 상관없음을 싸늘하게 대꾸해주는 경우도 있습니다. 그래서 일상적인 질문이 되어버린 대인관계 또는 문제해결 잘하냐는 질문에 휴대전화에 등록된 인원 수를 내놓는 것은 진부한 답변으로, 고대 신석기 시대에 나오는 답변으로 불리기도 합니다.

'대인관계가 좋다'는 것은 면접 현장에서 다양하게 해석합니다. 인간성이 너무 좋아서 여러 사람들로부터 친숙하고 거리감이 느껴지지 않아 다가가기 좋은 점도 있습니다. 그런데 달리 보면 어떤 채용 면접관은 이런 질문을 할 때도 있습니다. "그렇게 좋은 대인관계를 갖다 보면 거절해야 할 때 거절도 못 하고, 모든 사람으로부터 인정받고자 어중간한 때가 많은데 그게 장점인가요?" 그러면 또다시 방어하는 답변을 하게 됩니다. "아니 그런 것은 아니고, 제가 지킬 것은 지킵니다"라고 말하면 궁색한 변명 수준으로 답변의 품질이 뚝 떨어집니다.

대인관계를 통한 문제해결을 채용 면접관이 질문하는 이유가 무엇일까요?

전략적인 것 (Strategic)	장기적일 것 (Long-term)	분석적일 것 (Analytical)

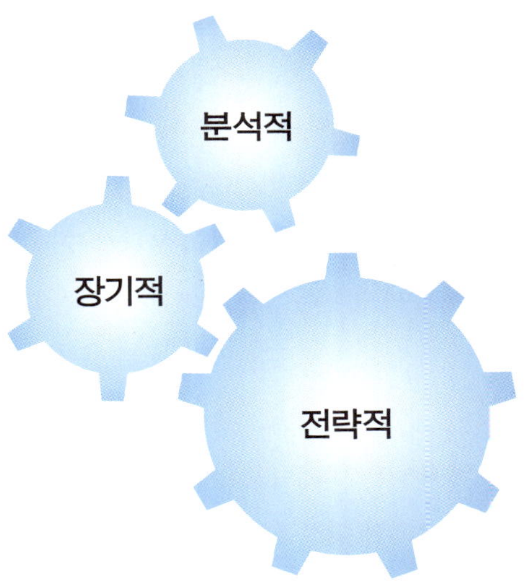

"단순히 대인관계 좋습니까?"라고 질문하지 않는 이유를 눈여겨보아야 합니다. 특히 크리스천 지원자들이 대인관계가 어떨까 궁금해하는 경우 단순히 교회에서의 활동 경험들만 계속 말하거나 제한된 대상만 가지고 말하면 오히려 대인관계의 반경이 제한되었다고 역공을 당할 수도 있습니다.

대인관계는 단순 친구가 많고 친하게 지내는 사람이 많다는 의미를 뛰어 넘습니다. 그것은 바로 세 가지 양상을 면접 상황에서 요구합니다.

이런 과정이 대인관계를 잘 다루는 사람들의 특성으로 이해하기 때문에, 대인관계에 있어 다양한 문제가 발생하더라도 위의 세 가지 관점에서 그 문제를 해결할 수 있는 지원자의 답변을 실질적인 사례와 함께 요구합니다. 단순히 친구 많다고 휴대전화 자랑하는 것과는 무척 거리가 멀게 느껴지지 않습니까? 전략적이라는 것은 교묘히 술수를 써서 대인관계를 하라는 뜻이 아니라, 일관성 있는 원칙과 선별적인 기준에 의해 신뢰관계를 맺으라는 뜻입니다. 그리고 장기적이라는 뜻은 오랜 고객들과의 관계가 사업과 조직의 생명이라는 관점에서 단순한 이윤 추구를 위한 지원자 나름대로의 지혜와 유지 비결이 있는가를 보고자 합니다. 분석적이라 함은 대인관계에 있어 무조건적으로 친하고 우호적인 것이 아니라 공·사 간의 분명한 경계를 두고 신실함과 영향력이 유지되는 관계를 맺고 있는가를 실제 사례를 들어가면서 이해하는 노력을 말합니다.

크리스천 지원자들의 대인관계 패턴을 놓고 볼 때, 교회 안에서 경험한 형제자매와의 신앙적 유대관계와 성경공부 또는 양육을 위한 맨투맨 타입의 관계가 주를 이룹니다. 분석적인 대인관계의 유형인가를 판단하는 것에도 미흡할 수 있으며, 장기적인 서로 간의 유대관계가 계속해서 이어지고 있는지에 대한 것에도 채용 면접관은 의구심을 가질 수 있습니다.

또한 교회 이외의 활동 반경이 있는지를 묻게 될 때, 학교활동과 지역사회 또는 봉사활동, 연합봉사, 국가기관, 공공센터, 국제기구 등 다양한 활동 무대를 제공하면 지원자로서 보이는 잠재적 가능성이 더 확대되는 결과를 가져옵니다. 실은 그것이 중요한 이유는, 활동 무대를 통해 다양한 경험과 문제해결, 사람들과의 고충처리, 조직의 문제 양상과 해결책을 위한 사전 경험을 하기 때문입니다. 그래서 사례가 필요하고 그 사례들을 통해 성공과 실패를 기반으로 면접 평가의 의미를 찾고자 하는 것입니다.

사실 채용 면접관들이 묻는 질문의 반 이상은 생각보다는 경험을 묻는 질 문들입니다. 예를 들면 아주 쉬운 실례들을 우리 주위에서 찾을 수 있습니다.

- 어떤 조직의 리더로서 활동해본 적이 있나요? 회원 간의 상호 불신이 있거나 징 계할 상황이 발생한 경우 그 방식은 어땠나요?
- 지역 공공사업 프로젝트의 총무를 역임했다고 했는데, 그 중책을 맡은 지원자 는 그 직책 수행하는데 언제가 제일 어려웠나요? 조직 구성과 운영 예산 측면에 서 무엇이 중요하다고 느꼈나요?
- MBA를 졸업했는데 실제 근무한 회사의 인턴으로 경영학의 어떤 부분에 차이 를 깊게 느꼈나요? 팀 프로젝트를 할 때 어떤 역할을 수행했나요? 다른 사람들 이 지원자에 대한 평가를 어떻게 하던가요?

이렇게 대인관계에 있어 경험을 질문하는 이유는, 요즘 들어 대인관계의 진위성을 파악할 수 없을 정도로 '생각만 많이 하는' 지원자가 많아졌기 때문 입니다. 생각이 많다는 것은 반대로 실제로 경험한 바가 적다는 뜻도 됩니다. 즉 대학 4학년 동안 쌓아왔던 많은 지식과 정보가 실제 경험할 수 있는 기회 가 적기 때문에 '머릿속 이론으로만' 존재하고 있을 수밖에 없는 한계를 뜻합 니다. 그 한계를 너무나도 잘 알고 있는 채용 면접관으로서 말만 화려한 지원 자의 머릿속 지식과 이론들의 껍데기를 파헤치고, 실제 대인관계의 어려움을 경험한 지원자의 귀중한 인생 관록을 회사가 원하는 성과와 연관 지어 값비 싸게 사주고자 하는 것입니다.

그래서 채용 면접관들은 머릿속 지식과 이론들이 실제 기업이나 조직의 현 장에서 활용되고, 또 그 가운데 겪은 성공과 실패의 경험들이 있는지를 궁금해하고 그것을 예리한 심층 질문으로 판가름 하고자 합니다. 또한 이런 질문하는 채용 면접관들은 다음과 같은 질문은 하지 않습니다.

- 리더가 가진 리더십과 개인의 대인관계 성과는 무엇이라고 "생각합니까?"
- 어떤 동아리 회장이었나요? 회원 수는 몇 명이었는지요? 주로 어디에서 모임을 가졌나요? 학생들이 가입하는 목적이 무엇이라고 "생각하나요?"
- MBA를 나와서 많은 지식이 있겠네요? MBA와 실무 경험자의 대인관계상의 장단점은 무엇이라고 "생각하나요?"

직장생활의 성공을 판단할 수 있는 척도 중의 하나가 직장생활 이전에 겪은 다양한 환경과 경험을 토대로 새로운 환경에 적응할 수 있는지에 대한 연관성입니다. 특별히 대인관계의 경험은 그중 가장 중요한 역할을 차지한다고 할 수 있습니다. 이 연관성은 생각을 묻는 질문이나 조직의 활동이 아닌 피상적인 그룹의 명칭이나 사람들이 막연히 이해하는 상식 수준의 질문을 초월하여 궁금증이 해소되어야 한다고 탁월한 채용 면접관들은 주장합니다.

크리스천 지원자들의 몇 가지 경험적 측면에서의 답변들은 채용 면접관들이 듣기에 회사의 합격자 선택 기준에 다소 거리가 있는 것으로 여겨질 때도 있습니다.

- 저는 교회에서 주일학교 교사를 오래하여 아동의 심리를 잘 파악하고 있습니다.
- 저는 청년부 활동을 통해 매년 아웃리치와 선교를 위해 해외에 다녀왔습니다.
- 성가대 활동으로 음악을 통한 영성을 키울 수 있었습니다.

실제 기업이나 회사에서 어떤 관리자들이 인재 선발의 책임자로 들어오는 가에 따라 위와 같은 답변들이 다양한 삶을 소개하는 것으로 이해해줄 수도 있습니다. 어린이의 심리를 파악하는 것과 박애 정신으로 해외선교 활동하는 것과 영성 훈련하는 것 등은 모두 정서적인 안정감과 품성에 영향을 줄 수 있는 활동으로 해석될 수 있습니다. 그런데 기업의 채용 면접관들은 영업을 통해 상품과 서비스를 많이 팔아 높은 이윤을 남기고, 그것을 통해 재투자하는 것에 관심을 갖는 사람들입니다. 결국 돈과 연관 지어 생각하고, 회사의 브랜드, 기업 가치와 최종적인 연관을 갖게 하기에는 다소 미흡하다는 느낌을 가질 수 있습니다. 그것은 채용 면접관이 신앙이 있느냐 없느냐의 문제라기보다는 크리스천 지원자가 회사에 입사해서 맡게 될 일과 그 결과들이 과연 입사하기 전에 경험한 교회활동들과 어떤 연관성을 갖고 있을지의 문제라는 것입니다.

대인관계의 경험은, 크리스천이 세상을 이길 수 있는 무기로서 어떻게 사용하는지에 따라 기업의 채용 면접관에게 역점이 될 수도 있습니다. 왜냐하면 교회 다니는 사람은 대인관계가 편협하다는 고정관념을 넘지 못하면 곧바로 낮은 사회성으로 평가될 수 있기 때문입니다. 그 결과가 또 '치명적인 고객 관리 업무 부적합' 또는 '영업 특성 부적격', '커뮤니케이션 실무 경험 부재'와 같은 최종 결론으로 이어질 수 있습니다. 따라서 사례와 다양한 조직 경험을 예로 들어 말하는 것이 1단계에 필요한 성공 면접의 관건입니다.

다양한 조직의 역학관계를 이해하고 회사에서의 활용도를 높일 수 있도록 경험과 노하우를 설명할 수 있어야 합니다. 그것이 바로 선한 영향력을 발휘하는 것입니다. 조직의 다양성을 경험한 지원자는 사용하는 어휘부터가 다릅니다. 교회에서의 생활과 예배 중심의 문화에 적응된 크리스천 지원자들은 사회에서 기대하는 다양한 성과 중심의 조직문화와 그 대인관계에 적응하지 못하는 경향이 있다고 느끼는 부분도 있습니다. 그래서 면접 과정을 통해서라도 그것을 검증하고자 채용 면접관들이 대인관계, 조직융합, 갈등관리, 대하기 어려운 사람, 자신을 힘들게 한 사람들의 유형 등을 분석하고자 합니다. 이를 통해 대인관계가 조직에 새로 입사한 후에 더욱 개선되고 나아질 수 있도록 크리스천 채용 면접관들은 유도 질문을 하는 경우도 있습니다.

대인관계의 사례가 장기적이지 못한 이유는, 학창 시절 교우관계가 지니는 단절성과 편협성 때문일 것입니다. 이에 비해 크리스천은 신앙생활을 통해 수년간 리더로 활동한 경력과 교회 안에서의 다양한 유대관계로 차별화된 대인관계를 보여줄 수 있습니다. 기존의 학교 동아리나 다른 여타 동문 모임은 진실과 우정 사이에서 다소 애매모호한 모양을 띠게 마련입니다. 그러나 신앙생활이 장기적이고 오랜 기간 동안 영향력을 미칠 수 있는 것은, 신앙적인 관심과 유대를 유지하는 형제자매 같은 성도 간의 교제일 것입니다.

이를 위해 면접 질문에 대인관계라는 항목이 나오는 경우 다양한 경험을 들되 교회 내·외적인 다양한 성격의 모임 양상을 예로 드는 것이 대단히 효과적입니다. 그리고 무엇보다 중요한 것은 그 모임에서의 갈등 양상과 해결의 경과를 설명하는 과정에서 회사가 지향하는 경청의 기술과 대인문제 분석, 인간에 대한 존중과 배려, 상호 윈-윈의 사고, 협력적 노사관계와 타협점 찾기, 커뮤니케이션 기법, 불평과 불만에 대한 대처, 과잉기대의 조절과 관리, 조직적인 합의점 찾기와 같은 조직역학 기술을 언급하는 것도 탁월한 대인관리능력을 선보일 수 있는 면접 기법이 될 수 있습니다.

사람을 변화시키고자 하는 사역자의 길을 교회에서 경험하는 크리스천으로서 직장에서의 다양한 대인관계는 일종의 영적 전쟁으로서의 의미와 성숙한 신앙을 갖도록 하는 성찰의 과정을 제공합니다. 따라서 면접 상황에 직면한 크리스천 구직자들의 최대 장점은 그동안 다져진 사역자 마인드로 회사와 조직의 다양한 대인관계의 중심에서 변화의 촉매자Catalyst for change 역할을 하는 것입니다. 거기에 관련된 질문이 나오면 사람 변화시키는 대인관계의 전도자로서 또는 선지자로서의 역할을 하는 계기로 삼으면 됩니다.

장기적이고 전략적이고 분석적인 대인관계의 유형을 성경의 다양한 인물을 통해 경험할 수 있었던 그동안의 신앙생활이 이젠 빛을 발할 때가 되었다고 생각하면 좋을 것 같습니다. 사람들이 고객으로 보이는 단순한 취업 구직자가 아닌 조직의 문제와 갈등을 해결하는 크리스천으로서가 바로 바른 구직의 태도가 아닌가 조언합니다.

마음의 경영은 사람에게 있어도 말의 응답은 여호와께로서 나느니라. 사람의 행위가 자기 보기에는 모두 깨끗하여도 여호와는 심령을 감찰 하시느니라. 너의 행사를 여호와께 맡기라 그리하면 너의 경영하는 것이 이루리라.

To man belong the plans of the heart, but from the LORD comes the reply of the tongue. All a man's ways seem innocent to him, But motives are weighed by the LORD. Commit to the LORD whatever you do, and your plans will succeed.

잠언 16: 1~3

04 인·적성 측면에 있어 직장생활하기 부족한 면이 많군요!

회사에 입사를 원하는 모든 지원자에게서 들을 수 있는 공통적인 인성의 특성은, 지원한 회사에 취업할 준비가 잘되어 있다는 '자기 신념'입니다. 이 인성적 특성은 지원자 개인만이 가지고 있는 고유한 기본 특성이라 할 수 있습니다.

예를 들어 어떤 문제나 숙제가 주어지면 적극적으로 결과 중심으로 대처하든지, 아니면 소극적으로 문제해결을 곰곰이 고민하든지 하는 등 개인이 취하는 독특한 기질적 특징이라고 말할 수 있습니다. 면접 지원자들은 이에 대한 증명으로 '좋은 인성과 직무에 대한 적성'을 잘 갖추었다는 점을 강조하기 마련입니다. 크리스천들도 이에 질 수 없는 선한 사마리아 사람의 이미지를 위해 갖은 노력과 열심으로 경주합니다.

그런데 그런 지원자들의 열의에 비해 채용 면접관들이 판단하는 인·적성의 기준은 지원자의 자기 신념이나 본인의 기질적인 수준보다 한층 더 나아가기 마련입니다. 이것은 지원자에 대한 막연한 기대가 아니라 실제 전쟁터를 방불한 기업의 영업 현장에서의 전략적 승리를 위한 기본기 훈련이 잘되었는가라는 점을 염려하기 때문입니다.

그래서 이 지원자가 회사의 새로운 환경에 잘 적응할 수 있는지 아니면 며칠 못 견디고 뛰쳐나갈지를 예상하며 타당한 인성과 적성 관련 질문을 하게 되며, 면접의 결과를 과학적인 인성 검사와 비교하여 상호 연관성을 찾게 됩니다.

어떤 지원자들은 학력적인 측면에서는 우수한데 반해 회사의 조직 측면에서는 우수하지 않은 경우도 있습니다. 우수한 대학을 졸업하고 뛰어난 3% 이내의 학점을 가지고 있다 하여도 그 학교의 분위기와 정서가 앞으로 일하게 될 기업과 조직의 문화와 전혀 다른 점이 많을 때도 있습니다. 그렇기 때문에 회사에 입사하기에 적합한 인성의 소유자가 아닐 수 있다는 점을 기억해야 합니다. 이것을 바탕으로 채용 면접관이 지원자의 인성과 적성이 기업의 치열한 생존 경쟁 방식과 잘 맞지 않다고 판단하면, 면접의 질문 난이도가 어려워지고, 심층적인 행동 면접과 역량 면접의 질문 역시 더 어려워집니다.

그렇지만 크리스천 지원자들은 첫 느낌이 '좋은 인성을 가지고 있다'는 장점을 가지고 있습니다. 그것은 기본적으로 개개인이 가지고 있는 신앙심으로 인해 우수한 인성과 조직 적응의 적성을 가지고 있다고 생각하기 때문이죠. 그런데 실제 기업 현장에서는 인·적성 측면에서 우수하다는 근거나 신념이 채용 면접관에게 증명되지 않으면 '신앙인'이라는 이유만으로 좋은 점수를 얻거나, 실수할 때 답변의 기회를 한 번 더 부여하지 않는 점도 잊지 말아야 합니다.

입사지원서의 종교 항목에 '기독교'라고 기재한 것 자체만으로 인성이 우수할 거라고 기대하거나, 크리스천 채용 면접관이 모태신앙을 가진 지원자의 자기소개서를 읽고 좋은 인성을 가졌을 것이라는 생각은 전혀 하지 않습니다. 오히려 요즘 채용 면접관들은 뛰어난 인·적성의 소유자가 과연 그런 인·적성을 토대로 어떤 어려운 문제의 상황에서 잘 헤쳐 나왔는지를 알고자 합니다. 그래서 타당한 결과가 있었는지를 다양한 면접 문항을 통해 지원자가 입사하여 겪게 될 환경을 염두에 두고 질문하게 됩니다.

대체로 회사가 요구한 인·적성 질문의 유형은 대개 세 가지로 요약됩니다. 첫째로, 회사가 처해 있는 특별한 기업문화를 고려하여 다양한 인·적성을 평가하는 질문들이 나올 수 있습니다. 권위적인 기업 또는 자유분방한 기업, 사업을 막 시작한 기업 또는 중견 대기업, 영업 중심인 조직 또는 제조 중심인 기업 등, 이런 다양한 기업에 따라 지원자의 특별한 인성과 적성을 요구합니다. 이런 기업의 모든 특성을 파악하기에는 이 책 한 권도 부족할 것이며, 또한 의미 없는 일입니다. 왜냐하면 채용 면접관들의 질문 형태는 천태만상으로 그 유형은 다르지만 기본적인 요소는 거의 유사하기 때문입니다.

둘째로, 지금까지 지내면서 가장 어려운 때가 언제였는지를 물어서 인내심과 적극성, 문제해결과 의사결정 방식 등의 기본적인 삶의 자세를 보고자 할 것입니다. 또는 일하는 스타일에 있어 하나하나의 일하는 과정을 소중히 여기는 스타일과 반대로 과정보다는 결과를 소중히 생각하그 이를 달성하고자 하는 유형의 인성과 적성도 질문을 통해 파악할 것입니다.

그리고 마지막으로 중요한 것이 있습니다. 채용 면접관들은 정직성Integrity이라는 인성도 묻습니다. 인생을 살아가는 가장 기본적인 요소이기 때문에 회사의 최고 경영자부터 신입사원에 이르기까지 절대적인 성공 요소로 채용 면접관들은 판단하고 있습니다.

추가적으로 묻는 인성이 있다면, 새로운 업무가 부여되어 일을 수행하는 과정에서 열심히 하는지 또는 근면 성실하게 일할 수 있을까 입니다. 문제는 이 근면성과 성실성은 전통적인 질문의 일부분인데, 여기서 채용 면접관이 요구하는 것은 일반적이고 상투적인 '열심히 살아온 면'보다는 사안이 가져오는 결과와 그 긍정적인 '변화의 성과'를 원합니다.

그래서 앞으로 입사하게 될 신입사원들은 이런 세 가지 기본적인 인성이 갖추어지면 더 탁월한 인성, 즉 업무에 필요한 전문성과 구체적인 역량은 더불어 갖추어질 것이라 믿는 경향들이 있습니다.

채용 면접관들은 그들이 고유하게 가지고 있는 직무 전문성과 인·적성의 우수한 정도를 4가지로 나누어 인재를 뽑기도 하고 불합격시키기도 합니다. 그것이 바로 'Retain-Contain-Attain-Abstain'의 4개 STAIN 기법이라 불리

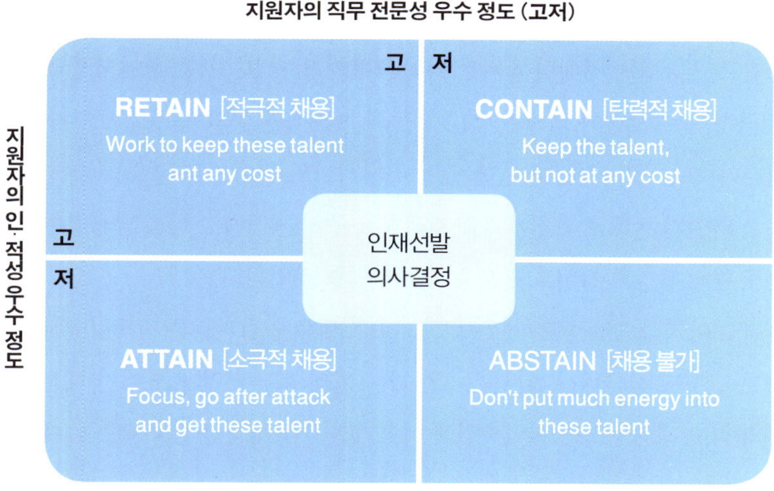

는 인재 전략입니다. 따라서 위 전략대로 직무 전문성도 좋고 인·적성도 우수한 경우 적극적인 채용을 진행합니다. 어떤 값비싼 비용이 들더라도 지원자가 원하는 급여 수준을 맞추어주며 채용 전략을 발휘합니다. 직무 전문성은 우수한데 반해 인·적성이 낮은 경우 'Attain 전략'을 발휘합니다. 즉 소극적인 채용 전략을 통해 채용 의사결정에 100% 전력 질주하지 않습니다. 반대로 인·적성은 뛰어난데 직무 전문성이 떨어지는 경우는 'Contain 전략'으로 상황을 고려하되 유지Retain할 정도의 비용에는 다소 탄력적으로 의사결정을 합니다. 끝으로 직무 전문성도 낮고 인·적성도 낮은 경우는 불합격 판단을 내립니다. 많은 에너지를 투입하지 않으며 인재라는 용어를 이들에게는 사용하지 않습니다.

크리스천 지원자들이 가진 인·적성에 대한 답변과 면접관의 평가 관점

크리스천 지원자들이 지니고 있는 일반적인 신앙생활 모습은 면접 상황에서 어떻게 나타날까요? 그런 모습은 또 면접 답변에서 성과를 요구하는 채용 면접관들에게 어느 정도 호소력이 있을까요?

예를 들어 열심히 교회 봉사활동과 선교활동을 했다는 크리스천 청년이 있습니다. 주일학교 교사부터 시작해 새벽부터 철야까지 독실한 기도생활과 믿음생활을 한 그를 채용 면접관은 '성실할 것'이라는 믿음을 갖습니다. 그래서 지원자가 입사지원서에 본인의 성실성을 여러 가지로 표기한다면 이렇게 할 수 있습니다.

1. 꾸준한 교회 출석을 통해 신앙생활의 일관성을 가지도록 노력하였습니다.

2. 주일학교 교사활동을 통해 아이들의 신앙 양육 현장에 기여하였습니다.

3. 주차봉사, 교통 안내, 아동 관리 사역 등 다양한 봉사활동으로 협력하는 자세를 많이 배웠습니다.

채용 면접관들은 이 입사지원서를 받고 크리스천 지원자에 대해 어떤 마음을 가지게 될까요?

꺼내기 어려운 표현이지만 이 입사지원서는 회사에서 무엇을 원하는지, 그리고 지원한 직무가 어떤 성격이며 무엇을 요구하는지 전혀 알지 못하고 쓴 일종의 '자기만을 위한 홍보'가 될 가능성이 높습니다. 이렇게 고쳐보면 어떨까요?

변경 전:

꾸준한 교회 출석을 통해 신앙생활의 일관성을 가지도록 노력하였습니다. 주일학교 교사활동을 통해 아이들의 신앙 양육 현장에 기여하였습니다. 주차봉사, 교통 안내 등 다양한 봉사활동으로 협력하는 자세를 많이 배웠습니다.

변경 후:

일관성 있는 저의 신앙생활을 통해서 다양한 조직의 구조와 현상을 이해 분석하고 문제를 해결하고자 했습니다. 그래서 합리적이고 전략적인 기획능력을 기르는 작은 성과를 이룰 수 있었습니다. 또한 기업이 요구하는 수직적인 상하관계와 수평적인 고객관리 업무가 저의 오랜 기간 신앙교사 활동의 영향으로 더욱 견고해졌다고 믿습니다. 특별히 저는 체계적인 교회 봉사활동과 리더십 발휘 기회를 통해서,

조직의 일환으로 제가 지원한 직무인 기획 전문가로서 역할을 충실히 이행하는 데 기여할 수 있을 것으로 믿습니다.

답변의 중심은 지원자가 경험한 교회와 신앙생활만을 보여주는 것으로 끝나면 안 됩니다. 그 생활을 통해서 '회사가 원하고 기대하는 성과에 어느 정도는 기여할 수 있다'라는 논리적 설득력을 보여줘야 합니다. 그렇지 않으면 그 누구도 지원자의 능력에 관심을 두지 않습니다. 그래서 지원하는 회사와 일하고 싶어 하는 직무 분야에 대해 잘 알고 거기에 맞춘 답변을 제공해줘야 좋은 답변이라는 코멘트를 받을 수 있습니다.

위의 지원자처럼 단순히 교회 출석, 교사, 봉사활동으로 자신의 성실성을 어필하고자 한다면 모태신앙의 독실한 크리스천 차용 면접관이라 할지라도 거부감을 느낄 것입니다. 그것은 채용 면접관으로 면접장에 있는 것뿐이지 크리스천의 신앙관은 그다지 인재 선발 결정에 유보적이기 때문입니다. 크리스천 채용 면접관이라 할지라도 무조건 기독교 지원자를 선발하지 않습니다. 신앙이 없는 지원자라 할지라도 회사에 입사하여 제대로 탁월하게 일하고 성과를 내줄 수 있는 준비된 지원자를 원하고 채용하기 때문입니다.

그래서 조직의 문제를 거론하며 그것과 신앙생활에서의 연관성을 설명하면서 서로 간에 관계가 있음을 묶어줘야 합니다. 조직이 당면한 문제라면 조직구조와 문제, 기획능력, 위계질서와 고객관리, 기획 전문성 같은 것들이 '이 지원자가 들어오면 주요한 일을 맡길 수 있겠다'라는 회심의 미소가 채용 면접과의 입가에 지어져야 합니다. 그것이 바로 인·적성이 뛰어난 지원자가 가질 수 있는 탁월한 면접 기법입니다.

'BCG'라는 컨설팅 회사에서 시장점유율과 시장에서의 성장 가능성을 평가하여 재미있는 도표로 만들어 경영학을 공부하는 지원자들에게 정보를 주고 있습니다. 그리고 기획실에서 신입사원을 뽑을 때, 이 내용을 활용하여 문제를 출제하여 풀 줄 아는지를 보는 중요한 마케팅 전략 수립의 한 방법으로 사용합니다. 이것을 활용하여 지원자의 인·적성을 평가하는 문제를 출제해 볼 수 있습니다.

정말 하기 싫은데 월급 많이 주는 일과 정말 좋아하는 일인데 월급이 반밖에 안 되는 일 중 어떤 일을 택하겠습니까? 그 이유는 무엇입니까? 채용 면접관 앞이라면 어떤 답변을 하겠습니까?

이 문제를 통해 지원자의 인·적성, 직업에 대한 의식, 급여에 대한 생각, 급여의 사회적 가치와 일의 개인적 가치의 차이, 사회적 평가의 기초적인 사고 방식, 하기 싫은 일에 대한 정의, 직무적인 요건과 이를 충족시킬 수 있는 인·적성 요건, 개인 성장에 필요한 직무 난해와 선호도 등을 알 수 있습니다. 문제는 이 답변을 채용 면접관 앞에서 해야 하는 지원자의 상황 관리도 알아볼 수 있어서 자신의 소신 답변과 채용 면접관의 선호 답변 사이에서 다소 고민하는 모습도 볼 수 있습니다. 사실 답안을 제공하는 것이 오히려 지원자의 자유로운 의견과 창의성을 저해하기 때문에 지원자의 상황에 맞추어 최선의 답변을 만들어보는 것도 필요합니다. 인·적성을 제대로 어필하기 위한 크리스천적인 전략을 먼저 도표로 이해하면 어떨까 합니다.

좋아하면서 월급도 많은 최고의 조건과 둘 다 좋지 않는 최악의 조건을 'Star와 Dog'로 정해보겠습니다. 그리고 좋아하지만 급여가 적은 것을 'Cash Cow'로 하고, 반대로 싫지만 월급이 많은 것을 '???'라고 할 때 '???'에 가장 적합한 답은 무엇일까요? 지원자의 인·적성을 통해 회사가 뽑는 채용 면접관 선호 답변이 경쟁력 있는 지혜의 답변이 될 수 있습니다.

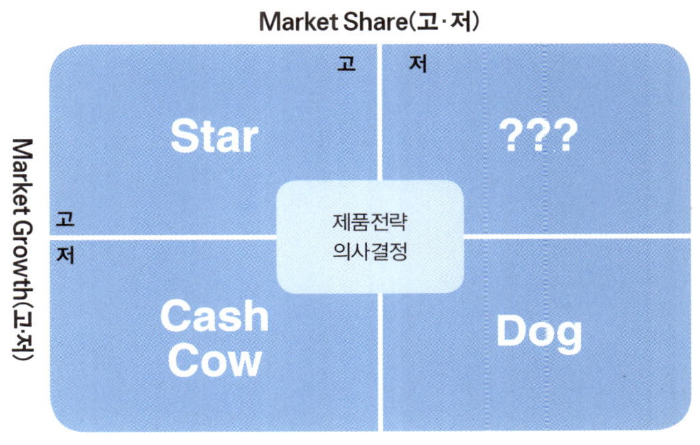

Market Share(고·저)
고   저
Star
???
고
저
제품전략
의사결정
Cash
Cow
Dog
Market Growth(고·저)

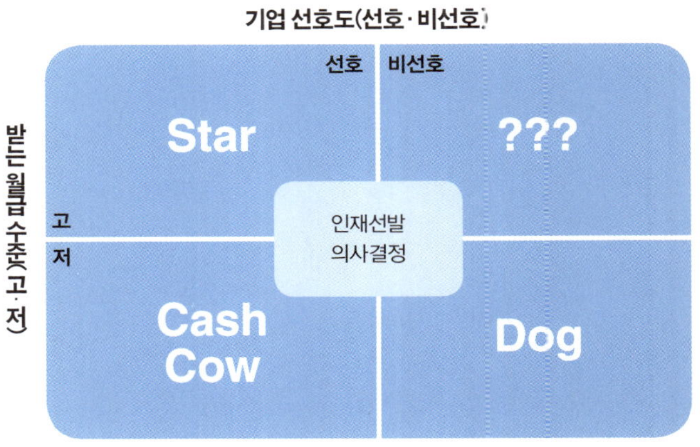

기업 선호도(선호·비선호)
선호   비선호
Star
???
고
저
인재선발
의사결정
Cash
Cow
Dog
받는 월드컵 수준(고·저)

각 사람에게 성령의 나타남을 주심은 유익하게 하려 하심이라 어떤 이에게는 성령으로
말미암아 지혜의 말씀을, 어떤 이에게는 같은 성령을 따라 지식의 말씀을, 이 모든 일은
같은 한 성령이 행하사 그 뜻대로 각 사람에게 나눠 주시느니라.

Now to each one the manifestation of the Spirit is given for the common good.
To one there is given through the Spirit the message of wisdom, to another the
message of knowledge by means of the same Spirit, All these are the work of
one and the same Spirit, and he gives them to each one, just as he determines.

고린도전서 12: 7~8, 11

05

직무에 대한 전문성과 업무수행능력이 아직 미흡하군요!

일 잘하고 못하고의 차이는 어디에 있을까요? 채용 면접관들은 이러한 일의 차이를 입사 지원자들의 어느 부분을 보고 판단할까요?

어떤 채용 면접관은 직무가 새로운 기획 업무를 많이 해야 하는 지원자들에게는 기획의 경험이 있는지, 과거에 기획 업무과 유사한 성격의 일을 할 때 어떤 어려움이 있었는지를 물어봅니다. 그래서 그 답변을 들어보고 미래의 기획 담당자로서 업무를 '우수하게' 수행할 수 있는지를 평가합니다. 또 어떤 채용 면접관은 기획 업무의 경험보다는 기획 업무를 수행하기에 필요한 판단력, 분석력, 큰 그림 보는 능력, 기안능력 등의 '역량'들을 물어봅니다.

앞의 면접을 '행동 중심화 면접'이라고 하고, 뒤의 경우를 '역량 중심화 면접'이라고 합니다. 첫 번째 채용 면접관은 지원자가 경험이 없는 '생각합니다' 답변만 하면 얼굴이 구겨지면서 압박 면접, 또는 심층 면접으로 경험을 끄집어내려고 무지 애를 씁니다. 그래도 여전히 행동과 경험이 없는 생각 답변만 하는 지원자가 있으면 일부러 보이라고 불합격 표시인 'X'를 크게 그어

놓습니다. 두 번째 채용 면접관은 행동보다는 기본적인 역량을 분석적으로 조목조목 말하는 지원자를 반가워합니다. 이 면접에서 막연히 "열심히 합니다"라는 것보다는 어떤 항목에 어떤 결과를 거두었는지를 표현해야 합니다. 그래서 지원자가 실제 그 일을 해보지 않았어도 연관되는 능력이 있다고 생각되면 우선 'O'를 하고 더욱 상세히 상황과 성공실패담을 듣고자 합니다.

많은 지원자는 이런 직무 전문성 또는 업무수행능력을 묻는 질문에 특별히 차별화된 답변을 제공하는 경우가 많지 않습니다. 사실 '역량(力量)'이라는 단어는 사용하지 않지만 지원자로서 갖추어야 할 능력은 지식적 능력, 기술적 능력, 그리고 태도적 능력으로 나뉠 수 있는데, 이 세 가지를 지식, 기술, 태도로 나누어 지원자들에게 합격의 영광을 주기도 하고 실패의 아픔을 주기도 합니다. 채용 면접관들이 기대하는 답변 중에 최소한 한 가지 예를 들면, 지식이 뛰어나면 그 지식을 바탕으로, 기술적인 능력이 뛰어나면 그것으로 거의 합격 결과를 부여하는 때가 있습니다. 약 10여 년 전의 채용 환경이었습니다. 그런데 요즘에는 지식, 기술, 태도 이 세 가지를 모두 겸비해야만 우수한 지원자로 인정받고 핵심 인재의 가능성을 가지게 됩니다.

여기에 바로 크리스천으로서의 합격 비밀이 있습니다.

전공이 우수하고, 학점이 좋고, 자격증도 많아 지식적인 측면이 뛰어나다고 판단되는 지원자가 있다고 합시다. 그 지원자가 애석하게도 지식이 머릿속에만 가득하여 활용해본 적도, 또 활용할 태도나 의욕도 없다고 한다면, 지식은 다소 부족하지만 열의와 열정 그리고 배우고 활용하는 태도가 남다른 지원자

에게 채용 면접관은 성실하고 성과 위주의 지원자라는 합격 타이틀을 붙여줄
것입니다. 또한 학교에서의 성적이 우수하고, 신앙생활도 남다른 지원자라 다
들 우수한 예비 합격자라 평가하지만, 만약 머릿속의 그 귀한 학위 졸업장과
자격증을 가지고도 써먹고 활용해본 적이나 경험이 없다면 한낱 종잇장에 불
과할 것입니다. 지원자 스스로 가지고 있는 '정보', '지식', '지혜'의 3단계 지적
능력을 합격에 필요한 업무 전문성으로 키우기 위하서는 남다른 차별화가 필
요합니다. 그래야만 채용 면접관들이 그 차별화의 역량이 실제 업무 현장에서
잘 발휘될 것으로 믿고 채용하기 때문입니다.

물론 거짓으로 경험한 것처럼, 또는 인턴을 통해 다양한 직무를 경험한 것
처럼 답변하는 지원자도 있습니다. 그런 지원자들은 스두 고개가 아닌 세 고
개 면접 질문에서 거의 진실을 토로하고 거짓을 고백합니다.

직무에 대한 전문성을 어떻게 남다르게 신앙인의 자세를 통해 어필할 수
있을까요? 우선 직무를 본인이 선택한 경우라면 그 직무를 통해 회사에 어떤
좋은 변화가 있는지를 10가지 정도로 정리해보는 것입니다.

예를 들어 구매 업무를 지원한 지원자라면, 우선 구매 얼무를 잘 수행하면,
값싸고 품질 좋은 원료를 사 와서, 고객이 원하는 품질의 상품과 서비스를 만
들어 판매에 도움을 줄 수 있을 것입니다. 그러기 위해서는 당연히 원재료의
품질을 잘 분석할 줄 알고, 가격 동향도 미리 파악하는 예지력을 가져야 하고
거시적, 미시적 경제 동향도 파악하여 적절한 시기에 원가 관리를 할 수 있어
야 할 것입니다. 또한 협상력이 뛰어나서 가격에 대한 융통성과 긴장감을 전
략적으로 잘 균형 맞추는 것도 잘해야 합니다.

더 좋은 변화는 또 다른 곳에서도 나타납니다. 원료의 품질과 원가가 좋기
때문에 고객들도 합리적인 가격에 구매하고 제품 만족도도 올라가고, 좋은

품질의 원료로서 제조하는 기계도 고장이 없고, 직원들도 기분 좋게 일할 수 있고, 회사의 영업도 잘되고, 구매팀의 업무 만족도도 올라가고, 회사에 기여도 높이고 등의 변화가 있을 수 있습니다.

이런 변화들을 일으키기에 필요한 업무 전문성이 무엇인지를 생각해보면 다양한 직무 역량Job Competency이 있습니다. 즉 구매 업무의 특성과 가격 구조, 원가 구조, 시장 분석 등을 잘할 수 있고, 협상능력과 커뮤니케이션능력, 문제해결과 의사결정능력이 아울러 필요합니다. 또 당연히 입사하고자 하는 회사에서 만드는 제품의 특성과 소비자 가격 경쟁력 등에 대해서 알고 그 내용에 적용하여 실제 부서에서 일어나고 있는 과업을 잘 수행하겠지요.

이런 업무 전문성과 직무 역량은 지원자가 입사하여 담당하게 될 작은 업무에서부터 시작해 고객으로부터 이윤을 이끌어낼 수 있는 다양한 구매와 거래 환경, 소비 동향, 제품 만족, 경쟁력 향상 등 광범위한 형태로 확대됩니다.

불행하게도 업무수행능력은 대학교에서 배운 전공 지식이 100% 활동되지 않습니다. 실제 직원들이 신입사원으로 입사하여 맡은바 업무를 할 수 있을 때까지 들어가는 교육 비용이 신입사원 급여와 맞먹을 정도의 큰 금액을 투자합니다. 그러한 이유는 대학에서 배운 지식과 기술 등이 실제 업무 현장에서 잘 활용되어지지 않거나 직접적인 필요에 부합되지 않기 때문입니다.

크리스천 지원자들이 내세울 만한 경쟁력이 착한 성품의 인성과 열심히 일하는 태도뿐이라는 의식이 팽배했던 시대가 있었습니다. 왜냐하면 우수한 전공능력을 잘 발휘할 수 있는 사람은 탁월한 우등생, 공부만 열심히 한 장학생뿐이라는 이해 안 되는 논리가 있었던 시대였기 때문입니다. 그 이유를 생각해보면 신앙을 가진 학생들이 우등생을 하거나 성적 우수자로 인정되는 경우가 드물었기 때문일 것입니다. 꼭 그런 것은 아니겠지만 신앙생활 열심히 하는 지원자는 왠지 학업 성과가 남들보다 상대적으로 낮을 것이라는 섣부른 판단도 작용합니다. 실제 입사 지원자들 중에서 학점이 우수한 지원자와 크리스천을 비교해보면 그리 상관관계가 없는 것도 이런 요인이 작용하지 않았나 싶은 생각도 듭니다.

그렇지만 면접 장소에서의 업무 전문성은 학점으로 판가름되지 않습니다. 업무 전문성은 일을 하는 데 가장 기본적이고 필수적인 역량이기 때문에 일 제대로 하는 크리스천이라는 말을 듣기 위해서는 인성과 적성보다는 업무 전문성으로 최대한 핵심 인재 기질을 선보여야 합니다. 업무적으로 우수한 역량을 보이기 위해서는 세 가지 과학적 답변 전략을 보여줘야 합니다.

첫째, 대학교 때 배운 전공과 지원한 회사 업무와의 탁월한 논리적 연계 고리를 맺어야 합니다.

경영학 전공자는 기획실에, 교육학과는 인재개발팀에, 산업공학과는 생산관리팀에, 영문학과는 미주영업팀에 각각 부합되는 자동전공 부합능력이 있습니다. 이런 자동적인 논리적 연계를 통해 보여줘야 하는 것은, 업무 지식에 대한 철저한 지식적 탁월성과 지식활용능력입니다. 전공에 관한 한 크리스천으로서 질 수 없는 분야가 실제 업무에 있어 성공한 사례들의 정보와 지식입니다. 앞서 설명한 구매부 업무뿐만 아니라 기획실 업무, 생산팀 업무, 고객서비스팀의 업무든 그 부서의 핵심적인 업무에 대해 내용과 역할, 기여도를 잘 이해해야 합니다. '열심히 할 수 있다'가 아닌 '잘할 수 있다'는 논리에 채용 면접관이 무슨 근거로 그렇게 말하는지 궁금해할 때, 업무와 직무를 통찰력 있게 분석한 것을 근거로 학과 전공상의 활용방법을 보여주는 것입니다. 예를 들면 산업공학 전공자로서 기계역학과 설비, 생산시스템, 제어공학과 같은 업무 지식을 통해 실제 현장의 설비 생산성 향상과 제품 기획성, 고객 전문성 등이 업그레이드되는 가능성을 보여줄 수 있어야 한다는 뜻입니다.

둘째, 업무 전문성이 크리스천에게 남다른 경쟁력이 되기 위해서는 창의적이고 분석적인 혁신 프로그램이 제공되어야 합니다.

프로그램이라고 해서 어렵거나 거창한 것이 아닙니다. 이 프로그램은 체계화된 아이디어 모임으로, 입사해서 담당할 업무를 시작 단계부터 최종 프로세스에 이르기까지 구성 요소를 충분히 파악하는 것에서 출발합니다. 그래서 기존의 담당자가 미처 생각하지 못한 부분에 대한 새로운 개선 아이디어와 혁신적 생각들을 면접을 통해 답변하는 기법이 필요합니다. 이런 기법은 다양한 신문 매체나 언론을 통해서 관심 부분이 어떻게 개선되고 달라지고 있는가에 대한 정보를 활용하면 성공적인 답변이 될 수 있습니다. 전문적인 내용까지는 알 필요도 없고 괜히 아는 체 할 필요도 없습니다. 왜냐하면 지원자는 아직 입사 전이기 때문에 그 누구도 모르는 경험하지 않은 회사 환경에 대해 제대로 말할 수 없기 때문입니다. 그렇지만 그 상태에서 회사나 부서의 업무를 잘 이해하고 시장 경쟁력과 고객 만족도를 높이기 위해 제안하는 아이디어는 남달라 보이고 경쟁력을 갖기에 충분한 전략 중의 하나가 됩니다.

셋째, 업무 전문성의 진정한 가치는 업무 효율성과 생산성 향상, 시스템 개선, 성과 창출이라는 출발선에서 있지만, 궁극적으로 회사와 각 직무에 관련된 사람들과 직원들의 만족도, 삶의 질 향상에 기여하는 것임을 보여줍니다.

즉, 인간 본연의 삶에 대한 관심과 조직에 대한 애정을 통해 단순히 돈 많이 버는 기업이나 조직으로서가 아닌 직원과 고객을 위하는 업무 전문성의 활용이라는 차원을 견지하는 것입니다. 이는 특별히 크리스천 지원자가 사회에 선한 영향력을 끼치고, 사회를 궁극적으로 좋은 방향으로 이끌고자 하는 선지자적 사명으로의 신입사원이 된다는 의미에서 큰 상징성이 있습니다. 단순히 좋은 회사에 입사 잘하기 위해 대학 4년을 공부한 것과 같은 허망함이, 입사 후 한 달째 되는 주의 예배 중에 들었다는 어느 청년 형제의 고백이 의미가 있다고 생각됩니다.

그런 의미에서 업무 전문성을 통해 일차적으로 지원한 회사의 업무를 잘 이해하고 우수한 성과를 내는 것부터 첫 단추를 잘 꿰고 그 성과를 바탕으로 회사가 발전하고 개인도 더불어 성장하는 것을 두 번째 단추로 꿰면, 직원과 고객이 행복하고 멋진 삶을 살 수 있는 마지막 단추도 잘 꿸 수 있습니다.

삶의 경쟁력은 어디서 나올까요? 열심히 공부해서 좋은 회사 취업한 후 안정된 가정을 갖고 행복하게 사는 것이라 말하는 사람이 있다면 어느 정도 정답을 말한 거라 말하고 싶습니다. 그렇지만 거기에 "신앙인으로서의 삶의 경쟁력은 어디서 나올까요?"라는 질문으로 업그레이드 한다면 그 답변은 당연히 달라져야 한다고 믿습니다. 직장을 구하는 구직자로서 위의 질문에 제대로 답하기 위해 필요한 여러 가지 요소가 있을 것입니다. 명문 학교와 좋은 학점, 성취도, 뛰어난 외국어구사능력과 업무에 딱 필요한 필수 자격증, 그리고 이름 있는 동아리 회장과 두세 번의 어학연수, 그리고 우수한 회사에서의 인턴십과 공모전 입상 등. 이런 모든 것이 스펙이라 불립니다. 그 스펙으로 회사의 업무는 잘할 수 있을지 모르지만 크리스천으로서의 업무 경쟁력은 전혀 없습니다. 위의 스펙마저도 없을 경우, 크리스천으로서의 믿음의 스펙을 가지면 능히 할 수 있는 환경이 제시됩니다. 왜냐하면 업무 전문성이 필요한 직장이 그 스펙으로 마음대로 움직여지지 않기 때문입니다.

너희 중에 누구든지 지혜가 부족하거든 모든 사람에게 후히 주시고 꾸짖지 아니하시는
하나님께 구하라 그리하면 주시리라 오직 믿음으로 구하고 조금도 의심하지 말라
의심하는 자는 마치 바람에 밀려 요동하는 바다 물결 같으니.

If any of you lacks wisdom, he should ask God, who gives generously to all
without finding fault, and it will be given to him. But when he asks, he must
believe and not doubt, because he who doubts is like a wave of the sea, blown
and tossed by the wind.

야고보서 1: 5~6

06

새로운 회사 조직에 대한 조직 부합성이 너무 약해 보이는군요!

지원자들이 입사하여 제일 걱정하는 부분은 새로운 일을 잘할 수 있을까입니다. 당연한 걱정이라 생각됩니다. 환경도 새롭고, 같이 지내는 사람도 새롭고, 출퇴근길도 새롭고, 온통 새로움뿐이라 그럴 법합니다. 그런데 이 걱정을 지혜롭게 넘겨 성공한 신입사원 1년 차가 있는 반면에, 여전히 입사해서도 환경과 사람과 분위기에 끙끙대며 헤매며 입사 1년째 기념일을 우울하게 보내는 신입사원도 있습니다. 둘 다 동일한 시간을 보냈지만 한쪽은 행복한 1년을, 다른 한쪽은 불행한 1년을 보낸 것입니다. 이 둘의 가장 큰 차이는 무엇일까요?

조직에 부합하는 역량과 전문성 측면에서 회사와 잘 맞는 지원자와 그렇지 않은 지원자의 차이라 할 수 있는데, 이를 '조직 부합성'이라 부르고 채용 면접관들이 쓰는 채용전문용어로는 'OF', 즉 'Organizational Fit'라 칭합니다.

조직과 부합이 잘 안 되면 일을 아무리 뛰어나게 하더라도 인정받지 못하고, 개인의 성취 의욕도 떨어지게 마련입니다. 또한 월급을 많이 받고 좋은 보수 수준을 자랑한다 하더라도 조직에서 느끼는 소외감과 왕따 의식으로 인해 절망하기 쉽습니다.

어떻게 하면 조직 부합성이 높은 지원자로 인정받고 입사하여 멋진 직장생활을 할 수 있을까요?

면접이라고 하는 절차는 신기하게도 조직에 부합되지 않는 지원자를 족집게처럼 알아내는 기술적인 프로세스를 가지고 있습니다. "조직에 잘 부합되지 않는다"는 말은 조직의 문화와 맞지 않는 풍토, 사고방식, 스타일, 의사소통 기법 등의 차이점이 극복 어려운 경우 등 다양하게 나타날 수 있습니다.

특별히 대인관계 측면에서 갈등이 나타날 것으로 예상되는 성격의 소유자는 채용 면접관이 질문하기 거북해하는 경향을 주위 지원자들이 더 확연하게 느낄 수 있습니다. 지원자 본인은 잘 모르는데 반해, 같이 참여한 지원자와 채용 면접관들은 그 조직 부합성의 특성을 보고 다분히 거북해하는 경우가 많이 나타난다는 것입니다.

또한 조직 부합성은 지원자의 생각을 표현하는 커뮤니케이션 태도 등에서도 파악되는 경우가 많습니다. 커뮤니케이션은 우리말로 '의사소통'이라 번역합니다. 그 의미는 지원자와 면접관의 의사Decision와 생각Thought이 서로 상호 교환되는 가운데 교감이 생기고 거기서 서로의 동일한 또는 차이 나는 부분의 공유와 이해를 통해 더 발전적인 행동으로 나아가는 과정이라 할 수 있습니다. 그 과정에서 지원자들은 자신의 신념과 생각 그리고 중요한 의사결정을 조직에 전달하는 것입니다. 당연히 조직에 부합되는 지원자가 있고,

그렇지 않은 지원자도 있습니다. 의외로 의사소통은 지원자의 학력 수준이나 학업 성취도와 직접적인 연관성이 있을 것이라고 판단되어지기 때문에 채용 면접관들은 거기서 나타나는 조직 부합성을 굉장히 세밀하게 평가합니다.

일상적으로 생각하는 것처럼 면접이 '일방적이고 긴장된 대화 상황'만은 아니라는 것이 여러 뛰어난 초보 면주접자들의 피드백입니다. 주로 그런 피드백은 인터넷 취업 사이트에 올라가 그 비법을 여러 지원자들이 공유하기 마련입니다. 초보 면접자들이 처음 느끼는 면접 공포를 잘 해결하는 데 필요한 것은 물론 담대함과 적극적인 태도입니다. 그런데 그런 담대함과 적극적인 태도로 무장된 성실한 지원자라 할지라도, 채용 면접관이 왜 그런 질문을 하는지 알지 못하고 답변을 하게 되면 반드시 불합격의 결실이 주렁주렁 맺어지게 됩니다. 그래서 채용 면접관은 두 가지의 LC를 우수한 합격 후보자에게 요구합니다.

첫 번째 LC는 '질문의 문맥과 그 이유를 꿰뚫어보는 것'입니다. 이름 하여 'Listening Comprehension'이라 부릅니다. 채용 면접관이 왜 하필 여러분에게 그 질문을 하였을까요? 왜 다른 사람에게 묻지 않던 '술·담배 질문'을 나에게만 했을까? 다른 지원자들에게 묻는 평범한 장점이 무엇이냐는 질문은 안 하고 단점이 무엇인지, 만약 떨어진다면 왜 떨어진 것 같은지 라는 질문을 해대는 경우에는 정말 속 터지기 일보 직전까지 가게 됩니다.

그런데 그 질문들 속에는 그럴 만한 이유와 사연이 있다는 것을 알 필요가 있습니다. 채용 면접관이 그 짧은 시간에 귀중한 시간을 할애하여 그 질문을 하는 이유는 다름 아닌 지원자의 가장 기본적인 조직 부합성의 능력을 보고자 하는 것입니다. 또한 지원자가 가진 약점이나 단점 등기 회사에서 요구하는 직무 성과를 거두는 데 다소 치명적으로 영향을 줄 수도 있기 때문에 그런 질문을 할 수도 있습니다.

예를 들어 토요일, 주일에 비행기를 타야 하는 항공기 승무직에 지원한 크리스천 지원자가 있다고 가정합시다. 그 사람은 모태신앙이어서 투철한 주일성수와 거룩한 안식일을 중요시 하는 신앙관으로 자신의 성실성을 어필하는 지원자일 수도 있습니다. 그러면 주일성수 가능 여부 질문을 통해 항공기 회사가 원하는 직무에 부합하느냐를 확인하고자 하는 것입니다.

또한 영업사원으로서 다양하고 새로운 신규 고객을 만나야 하는 신입사원으로서 술 접대는 다소 제약 조건이 될 수도 있다고 체용 면접관이 판단할 수도 있습니다. 그러기 때문에 당연히 업무 성과를 효과적으로 관리하는 데 있어 체질상의 이유로, 또는 신앙상의 이유로 술 못 마시는 것이 업무 성과를 내는 데에 저해가 될 수도 있다고 판단되어 그런 질문을 하는 것입니다.

또는 성격적인 측면에서도 볼 수 있습니다. 적극성이 다소 떨어지는 지원자가 있다고 가정합시다. 자연스럽게 지원자의 지원 동기와 같은 일상적인 질문을 하는 도중, 갑작스럽게 "불합격을 한다면 어떤 이유에서 일까?"라는 질문을 한다면 왜 그런 질문을 할까라고 근심 섞인 답변을 해야 하는 상황도 있을 수 있습니다. 그러나 질문의 요지는 바로 지원자의 일상적인 언어 사용, 태도와 습관들이 조직 부합성에 있어 적절하지 않다고 판단했다는 은연중의 메시지일 것입니다. 그래서 그런 이유를 알고 답변해야 하는 것이 바로 조직 부합성 질문의 답변 요령입니다. 오히려 합격 질문인 셈입니다.

그러한 질문의 좋은 답변은 무엇일까요? 솔직히 이런 답변이 좋은 반응을 가져올 법하지만 실제 그렇지 못한 경우가 많습니다. 감정적으로 민감한 답변으로 들리기 때문입니다.

저는 성실하고 적극적인 삶을 살아왔기 때문에 불합격할 이유가 없다고 생각합니다. 지금까지 정직과 성실을 모토로 살라온 저는 입사 후에도 꾸준히 맡은바 임무를 충실히 수행하며 우수한 핵심 인재가 되겠습니다.

사실 지원자가 적극적인 삶을 살아왔다면 면접에 임하는 태도도 적극적이며 진지하게 임했을 것입니다. 그래서 만약 신입사원에게 주어질 업무가 신규 사업이나 새로운 국·내외 시장을 분석하고 리서치해야 하는 직무라면 면접 때 보여준 적극성이 없는 태도는 합격자로서는 부합되지 않음을 알고 있어야 할 것입니다. 이런 답변이 어떨까요?

저는 새로운 환경이나 상황에 대해 무턱대고 들이대지 않습니다. 즉 전체적인 상황을 이해하고, 신중하면서도 필요에 따라 적극적인 태도를 가지고 지금까지 짧지만 저의 인생을 경주했다고 생각합니다. 면접이라 다소 긴장되긴 하지만 면접관님들이 질문하시는 요지를 정확히 파악하고 가장 탁월한 답변으로 제가 지원한 해외영업파트의 전략적인 브레인으로서 저의 자세를 자리 잡고자 합니다. 제가 만약 떨어진다면 직무가 요구하는 태도적인 역량이 다소 미흡하게 보인 이유일 것이라 판단됩니다. 그렇지만 오히려 그런 태도 이면에 신중함과 분석적인 자세로 무장되어 있음을 말씀드리고 싶습니다.

채용 면접관은 현실에 대해 정확하게 이해하는 지원자를 만나기를 간절히 기대하고 있습니다. 그런 지원자를 만나면 행운이라 여기지만, 그렇지 않은 경우도 많습니다. 지원자가 언급한 내용을 분석해보면 채용 면접관이 좋은 지원자를 만났다는 행운을 누리고 있다는 사실을 발견할 수 있습니다. 계속 그 중요성을 강조하고 있는 첫 번째 LC를 통해 '질문의 본질 파악Listening Comprehension'이 되어 있고, 두 번째 LC인 '논리적인 답변Logical Communication'이 되어 있는 점에 주목하면 앞으로 면접 상황에서 지혜 답변을 할 수 있을 것입니다.

어떤 지원자는 질문의 의도는 잘 파악한 반면 답변의 논리성과 효과적인 전달능력은 우수하지 않은 경우도 있습니다. 반대로 질문의 의도는 제대로 파악하지 못했는데 답변이 탁월한 경우는 드뭅니다.

왜냐하면 질문을 제대로 파악하는 것이 첫 단추이기 때문에 제대로 끼우지 못한 셔츠는 보는 이로 하여금 아무리 단정한 옷도 우스꽝스러운 결과를 빚어내기 때문입니다. 대체로 이런 답변의 유형은 거짓말로 들리기 쉬우며, 그 둘러대기식 답변을 변호하기 위해 또 다른 거짓말로 설상가상의 역효과를 발휘하는 경우도 많습니다.

채용 면접관이 요구하는 조직 부합성에 잘 맞는 답변을 하기 위해 'Listening Comprehension'이 중요하다는 것을 잘 알고 있는 크리스천 지원자는 드물어 보입니다. 그래서 실제 면접 현장에서 잘 발휘하는 경우도 그리 많지 않습니다. 그리고 채용이 되어 직장을 구하느냐, 또 그렇지 못하고 또 다른 면접 기회를 찾아 기다림의 처절한 순간을 견디느냐 라는 생각에 채용 면접관의 질문을 잘못 이해하고 엉뚱한 답변을 꺼내는 지원자도 많습니다. 왜냐하면 두 개의 LC를 잘 알지 못했기 때문입니다.

특히 신앙적인 신념이 강한 지원자의 경우, 자신의 성실성과 열심히 살아온 신념을 확실히 어필하고자 하는 욕망이 강한 경우에 많이 나타납니다. 그래서 대체로 채용 면접관의 신앙적이지 않은 질문 유형이나 개인의 인성, 신앙관, 세계관과 연관되어 있는 질문들에는 그 질문의 의도를 달리 수용 해석하고 왜곡하는 경우도 많습니다.

예를 들면 "교회의 수가 많이 늘어나는데 왜 범죄율이 갈수록 높아만 가는지 기독교 신자이신 지원자께서 말씀해보시겠습니까?"라는 질문도 합니다. 종교 항목에 '기독교'라 쓴 지원자 또는 자기소개서에 기독교 신앙의 영향을 많이 받았을 것 같은 느낌의 지원자들에게 물을 만한 질문입니다. 도대체 채용 면접관은 어떤 의도로 이런 질문을 할까요?

바로 조직 부합성에 대한 채용 면접관만의 여리고 성을 허물고 싶지 않기 때문입니다.

이런 상황에서 지원자는 채용 면접관이 자신을 의도적으로 탈락시키려고 출제했을 것이라는 생각을 할 수 있습니다. 그렇게 되면 답변을 생각하는 과정이나 답변을 말하는 과정에서 당연히 불안한 마음을 가지고 떨어지지 않기 위해 논리적인 답을 하려고 애쓸 것입니다.

교회의 숫자가 늘어나면서 여러 가지로 사회의 교화적인 역할을 하도록 하지만, 실제 사회에서의 범죄율은 각종 생활 환경이나 사회적인 분위기에 편승하는 경향이 있어서 늘어난 것이라고 생각한다는 등의 답변이 나오기 마련입니다.

이것은 실제로 첫 번째 'Listening Comprehension'을 잘하지 못한 경우입니다. 실제 이 면접 문제의 해결 방안은 그 문제의 논리성을 잘 분석하는 것입니다. 그래서 답을 하기 이전에 채용 면접관의 질문이 가진 논리적인 오류가 무엇인지를 파악하고 카운터펀치를 날려 주어야 합니다. 크리스천으로서 그 상황에 필요 없는 피해 의식이나 소극적인 태도는 그다지 도움이 되지 않습니다. 그런 질문들의 유형은 여러 가지로 나타납니다.

- 크리스천이라 술을 안 마시거나 못 한다고 했는데, 술 안 마시는 사람은 대개 영업을 잘 못하는데, 어떻게 영업부서에 지원하게 되었나요?
- 크리스천들은 대체로 교회 사람들만 주로 만나서 대인관계가 제한적이라 들었습니다. 앞으로 고객관리 업무를 잘 못할 수도 있을 것 같습니다. 어떻게 생각하나요?
- 일요일에도 저희 공장은 운영합니다. 크리스천으로서 일요일에 출근해야 하는데 저희 회사에 다닐 수 있겠어요?

주로 개인 신앙생활과 연관된 문제를 들고 나오면서 직무가 가지고 있는 특별한 환경에 부합되지 않는다는 식으로 신앙을 지적하기도 합니다. 이런 경우 대개 오해를 불러일으킬 수 있는 LC로 인해 자못 엉뚱한 답변을 하기도 합니다.

- 저는 크리스천이긴 하지만 필요에 따라 가끔 술을 마십니다. 회사의 일이 필요한 때라면 마실 수 있을 것 같습니다. 최선을 다해 업무에 임하도록 하겠습니다.
- 저는 제가 다니는 교회 대학부에 친구가 많습니다. 그래서 모두 친하게 잘 지내기 때문에 모두 저의 고객으로 만들 만큼 대인관계는 자신있습니다. 최선을 다해 업무에 임하도록 하겠습니다.
- 굳이 일요일에만 교회 가는 것이 아니거든요! 수요일이나 금요일 철야예배도 있습니다. 그때 예배를 드리면 됩니다. 최선을 다해 업무에 임하도록 하겠습니다.

이런 답변들을 들은 크리스천 채용 면접관들은 일종의 쓸쓸함을 느끼게 되는 경우가 많습니다. 어떤 답변이 조직 부합성의 요건을 만족하면서 크리스천의 빛과 소금의 모습을 올바르게 나타나는 것일까요?

올바른 답변을 하기 위해 바로 두 번째 LC Logical Communication를 잘 기억하고 연마하는 훈련이 필요합니다. 직무와 연관 지어 크리스천에게 기본적인 신앙적 모습에 대한 원칙 중심의 철학과 삶의 태도가 필요합니다. 그리고 더 중요한 것은 그 철학과 태도에 부응하는 논리적이고 투명한 실례를 들어주어야 합니다. 예를 들면 크리스천의 기본인 주일성수 잘한다는 것, 술을 하지 않는 절제의 금주생활, 교회 중심의 생활을 통한 신앙의 중요성을 지키는 것.

이런 핵심 요소들이 회사에서 요구하는 직무 성과를 잘 거둘 수 있게 하는데 더 중요한 요소이고 직무 성과에는 전혀 지장을 초래하지 않는 것임을 의도적으로 강하게 인지시키는 것이 생명입니다. 그렇지 않으면 신앙도 잃고, 신뢰도 잃고, 기쁨도 잃고, 비전도 잃고, 직장도 잃는 경우가 생길 수 있다고 감히 말할 수 있습니다.

이런 철학과 소신, 그리고 자부심을 채용 면접관이 쓰는 말로 '직무 연관성과 업무 부합성이 탁월한 지원자'라 부릅니다.

술 안 마시는 것이 영업을 하는데 지장을 줄 것이라 생각하는 것, 크리스천들은 사람을 가려서 만난다고 너무 배타적이라 보는 것, 그리고 주일은 다른 날과 전혀 다르지 않다고 여기는 것! 이렇게 보는 시각들이 세상의 음주 접대 중심의 영업 문화와 배타와 편협이라고 신앙생활을 규정하는 세상에 대한 야무진 답변을 해야 하는 당위성이라 할 수 있습니다.

지원자의 신앙적인 신념이 강하면 강할수록 면접에 대한 준비가 더 탁월해야 할 것임에 부인할 논리는 전혀 없습니다. 대충 준비하고 어수룩한 논리로 면접에 들어가 위와 같은 신앙과 관련된 질문에 답변을 하지 못하는 크리스천들이 강한 여호수아와 같은 담대함이 있기를 크리스천 채용 면접관은 기대하기 마련입니다.

- 영업이라는 것은 고객과의 신뢰관계를 바탕으로 회사의 최고 제품과 서비스를 고객의 요구 '이상'으로 제공하는 것이라 믿습니다. 술 마시며 고객의 마음을 사려고 한다면, 현명한 고객이라면 반드시 우리 회사 제품과 서비스에 무슨 문제가 있는 것이 아닐까 의심할 것입니다. 접대가 필요하다면 맛있는 점심으로 서로에게 부담이 없도록 최고의 맛집에서 모실 것입니다. 음주 접대 방식이 아닌 맛집 접대 방식에서 최고의 영업 관행을 만들어 보겠습니다.

- 크리스천들이 대인관계에 문제가 있다는 생각은 오히려 맞지 않다고 생각합니다. 교회생활을 통해 다양한 사람들과 만나고 여러 대내외 프로그램을 통해 교회 밖에까지 그 영향력을 넓히고 있습니다. 저 또한 대인관계에 있어 대학, 교회, 동아리, 봉사, 인턴을 통해 많은 경험과 상황을 이해하고 있습니다. 앞으로 제가 맡을 고객관리 업무의 특성을 이해하고, 전략적인 고객분석이나 전략수립 같은 능력도 충분히 연마되어 있습니다.

- 당연히 제가 근무할 공장에서의 근무 조에 편성되어 열심히, 그리고 성과 이상의 결과를 내는 신입사원이 될 것입니다. 근무 교대 조의 회사 원칙도 최우선으로 지키며, 더불어 저의 인생에서도 중요한 신앙생활의 원칙을 준수하고자 합니다. 저는 이 두 원칙이 배치되지 않는다고 믿습니다. 일요일 출근 조면 기쁘게 회사에 출근해서 일 끝내고, 새벽이든 밤늦게든 지켜서 저의 삶의 원칙도 사랑하며 신앙인으로서 최선을 다할 것입니다.

　채용 면접관은 이런 상황 가운데 신앙인으로서 보여주는 지원자의 담대함
과 자신감에 압박 질문을 한 자신을 다소 겸연쩍어 할 수 있습니다. 사실 면접
은 기술적인 차원에서 과학적인 차원으로 넘어간 지 오러되었습니다.

내가 여호와를 항상 내 앞에 모심이여 그가 내 우편에 계시므로 내가 요동치 아니하리로다 주께서 생명의 길로 내게 보이시리니 주의 앞에는 기쁨이 충만하고 주의 우편에는 영원한 즐거움이 있나이다.

I have set the LORD always before me. Because he is at my right hand, I will not be shaken. You have made known to me the path of life; you will fill me with joy in your presence, with eternal pleasures at your right hand.

시편 16: 8, 11

07

지원자의 장점과 차별화가 눈에 띄지 않고 진부하군요!

통상 회자되는 입사지원서상의 장점 리스트를 한번 주목해 주기 바랍니다. 일상적이고 진부한 장점으로는 더 이상 채용 면접관의 마음에 영향력을 줄 수 없습니다. 다른 지원자들도 동일하게 면접이 있기 며칠 전부터 장점들을 '달달' 외우고 실제 있었던 사례를 외울 것이기 때문입니다.

인터넷 시대에 태어난 행운은, 바로 인터넷 시스템에 의해, 중복된 흔한 장점들과 자주 언급된 자기소개서의 차별점을 걸러내어 지원서 파일을 삭제시킨다는 것입니다. 삭제되는 파일과 살아남는 파일의 차이가 어디에 있을까요? 다음의 도표가 바로 정답을 시원하게 제공해 드립니다.

채용 면접관이 너무 많이 들어 설득력이 없는 지원자의 장점들	경험이 아니면 나올 수 없는 채용 면접관이 선호하는 장점들
적극성 (Proactive)	기획력 (Planning)
성실성 (Faithful)	협상력 (Negotiation)
책임감 (Responsible)	지도력 (Leadership)
창의성 (Creative)	분석력 (Analytics)
사교력 (Social)	계량적 (Statistical)
신뢰성 (Reliable)	전략적 (Strategic)
인내력 (Patience)	문제분석 (Problem analysis)
친화력 (Friendly)	문제해결 (Problem solving)
추진력 (Drive)	의사결정 (Decision making)
온화 차분 (Calm)	소통능력 (Communicative)
도전 정신 (Challenge)	대인 탁월 (Interpersonal)
승부 근성 (Competitive)	전공 우수 (Accountability)
패기 끈기 (Vigor)	강의능력 (Teaching)
섬세 꼼꼼 (Delicate)	다방면 지식 (Versatile)
고객 만족 (Customer)	시스템 사고 (System thinking)

신앙생활을 통해 굳센 믿음을 가진 지원자로서, 믿지 않는 입사 지원자보다 더 자신할 수 있는 것이 무엇일까요? 그 자신감 넘치는 답변을 면접 장소에 들어가기 전까지 10가지 정도 머릿속, 가슴, 손에 담고 있어야 합니다. 머릿속에는 확실한 개념이 있어야 하고, 가슴에는 그 장점을 통한 경험이, 손에는 실제 사례가 남아 있어야 한다는 뜻입니다.

책머리에서부터 지금까지 계속해서 한 이야기는 바로 '남과 다름'입니다. 물론 크리스천이 아니라면 남을 이기고 그 실력을 인정받아서 좁은 취업 바늘구멍을 가장 먼저 통과해야 하는 사명이 있기 마련입니다. 그런데 크리스천에게는 회사를 선택하고 입사를 해야 하는 상황에서 안 믿는 사람들보다 앞서 승리해야 하는 전략적이며 탁월한 지혜들이 많이 필요한 것임을 부인할 수 없습니다. 더 탁월한 신앙적 경주의 일환으로서도 마찬가지입니다.

회사 입장에서도 무한 경쟁의 기업 환경을 이겨 나가기 위해 필요한 것은 경쟁적 우위라고 불리는 'Competitive Advantage'인데, 이 경쟁 우위는 기업에 입사하는 신입사원들 한 사람, 한 사람의 경쟁력이 모여 이루어질 수 있다고 보고 있습니다. 나아가 개인의 차별적인 경쟁력이 모여서 기업의 보물 같은 '경영 전략'이 되고, 다른 경쟁 기업을 무너뜨릴 수 있는 무기인 '핵심 역량'이 된다고 할 수 있습니다. 마찬가지로 신앙을 가진 크리스천 청년들도 기업을 더 활기차게 하고 생산성을 높이며, 서로 선한 영향력을 끼칠 수 있는 곳이 되도록 해야 하는 빛과 소금의 사명이 있다고 믿습니다. 그래야 세상에 나가 제 역할을 하는 우리의 모습에서 하나님의 구원 사역이 이루어질 것이기 때문입니다.

그렇다면 크리스천 지원자들이 내세울 수 있는 차별화 전략이 무엇이 있을까 생각해봅니다. 그 대부분은 인성적인 측면에 머물러 있기 마련입니다.

그럼 실제 면접 현장에서 많이 일어나고 있는 모습을 설명하면서 그 차별적인 경쟁력을 이해해보면 이 챕터가 보다 가슴에 와 닿을 수 있을 것입니다.

만일 채용 면접관이 지원자의 종교 항목에 '기독교'라고 쓴 점이 눈에 띄고, 또 자기소개서에도 "다양한 교회활동과 신앙생활을 통해서"라는 표현을 여러 번 언급한 지원자에게 다음과 같은 질문을 할 것입니다.

"혹시 종교나 신앙생활을 하나요? 기독교적인 신앙생활을 잘하는 것 같은데, 만약 신앙 없는 지원자보다 기업에서 일하는 사람으로서의 차이점이 있다면 무엇일지 말해보세요."

우선 이런 질문을 하는 이유는 진짜 기독교 신앙이 지원자의 지원 동기와 능력에 영향을 끼쳤는가를 궁금해하는 동시에, 종교적 색채가 너무 강하여 조직에 입사한 후 신앙적 이해 관계가 잘 맞지 않으면 성과가 떨어지거나 또는 이직을 할 것임을 생각하고 묻는 약간 다루기 어려운 질문입니다. 통상 이런 질문에 들을 수 있는 답변은 다음과 같이 나타날 수 있습니다.

첫째, 기독교 신앙생활을 통해 정서적 안정감으로 전공 공부에 집중할 수 있어서 전반적 학업 생활에 도움이 되었고, 둘째, 교회생활의 적극적인 참여를 통해 안정된 대인관계뿐 아니라 다양한 프로그램들을 운영하면서 여러 문제 상황들을 분석하고 또 해결을 잘할 수 있었습니다. 셋째, 다양한 계층의 조직과 유명 인사들과의 만남을 통해 조직에서의 위계와 성과, 참여, 동기부여 같은 문제들을 잘 이해, 해결해본 적도 많습니다. 직접, 또는 간접으로 여러 스타일과 계층 사람들의 문화적, 사회적인 변화도 이끌어 보는 귀중한 계기를 많이 가지는 점이라 할 수 있습니다.

위의 답변은 인·적성 측면에서는 좋은 답변이지만 채용 면접관이 기대하는 전문적인 직무 전문성을 확신하는 답변으로는 다소 미흡한 수준이라고 할 수 있습니다. 물론 회사에 다양한 직원들이 있기 때문에 조직 간에 야기되는 문제들이 있기는 합니다. 그렇지만 업무를 효과적으로 수행할 수 있는 전문적인 역량과 이에 부합하는 업무 기술, 그리고 이를 관리하고 지원하는 태도가 없다면 이런 대인관계나 정서적인 문제들이 더 얽히고 꼬이기 마련입니다. 그래서 "신앙생활이 어떤 도움이 되었냐?"라고 하는 것에는 인·적성의 향상이라는 심리적 특성의 답변도 좋지만 되도록 직무와 연관성을 가지고,

회사의 특성을 살린 차별적인 답변을 해야 채용 면접관의 의도를 충분히 이해하고 바른 카운터펀치를 드리는 것이라 할 수 있습니다.

제가 기재한 신앙생활은 단순히 심리적인 안정 또는 편안한 휴식을 누리는 차원의 개인적인 것뿐만이 아니라고 말씀드릴 수 있습니다. (1) 제가 지원한 종합기획실 업무나 회사가 지향하는 새로운 중국 시장에 대한 관심과 신생 에너지 프로젝트와 같은 일에 대해 많이 도움이 되었습니다. (2) 우선 직무 특성을 올바로 연구하는데 있어서 기업 전략을 바로 이해하는 저의 체계적인 신앙적 관점이 도움이 되었고 (3) 제가 가진 신앙적 성찰과 목적에 부합하는 기업관이 앞으로의 중국 시장에 대한 열정과도 많이 부합되었다고 할 수 있습니다. (4) 중국에서의 선교봉사활동 여행을 통해 그곳 기업 환경에 대해서도 접목할 수 있는 행운의 기회도 두 번 이상 가졌던 점을 말씀드릴 수 있습니다. (5) 단순히 마음의 안정 차원이 아닌 제가 지원하는 조직 회사, 그리고 제가 앞으로 수행할 전략적 기획 업무에 대해서 필수적으로 가져야 하는 능력을 앞으로 보여드릴 수 있다고 말씀드릴 수 있습니다.

직무 연관성을 맺으라고 해서 답변의 내용이 지원 직구에 대한 구체적인 설명을 곁들일 필요는 없습니다. 효과적인 답변은 회사와 직무가 요구하는 기본적인 요건을 알고 있으며, 이를 지원자 본인이 잘 인식하고 있는지에 대한 대략적인 틀만 보여줘도 채용 면접관의 신뢰의 폭을 높일 수 있습니다. 즉 신앙인이 가지고 있을 법한 일반적인 정서적 유대감, 대인관계, 다양한 사교 능력의 넓이를 뛰어넘어 직무, 조직, 회사, 책무 등과 같은 것을 전략적이고 깊이 있게 이해하여 신앙생활이 여러 가지로 신실한 영향을 미친 것을 보여주면 탁월한 답변이 되는 것입니다.

쉽게 말하면 예수 믿는 사람들이 예수 안 믿는 사람보다 뛰어날 수 있는 조건이 무엇이냐는 질문에 단순히 교회에 열심히 다니고, 기도 열심히 하고, 어려울 때 잘 참는다는 신앙 자체의 행동적 관점에서 한걸음 더 나아가야 할 필요가 있습니다.

그런 부분이 바로 직무 전문성과 경쟁력 부분에서 만들어져야 채용 면접관들이 기대하고 채용 결정을 하게끔 하는 탁월성을 보여주는 것입니다. 만약 예수 믿지 않는 사람들이 취업이 잘되는 이유가 무엇이겠냐는 채용 면접관의 질문 이면에는 '지원자가 교회에 다니기 때문에 합격, 불합격을 고려해볼 수 있다'라는 숨겨진 논리가 담겨 있습니다. 그리고 이 논리에 대해 직무 중심 답변으로 무장된 카운터펀치가 없다면 그대로 그 질문에 담긴 정신을 유지하겠다는 생각이 담겨 있는 것입니다. 무서운 현실입니다.

그 논리를 이기기 위해서는 입사하고자 하는 조직이나 회사에 대해 결혼 상대자에 대해 연구하는 것 이상으로 더 깊이 연구하고 조사할 필요가 있습니다. 그러기 위한 좋은 방법이 바로 '7S'인데, 제가 볼 때 아마 크리스천이 만들지 않았을까 하는 생각도 해보는 깊은 구성이 있어 소개하고자 합니다.

조직을 이해하는 데 필요한 '7S'라는 멕킨지 컨설팅의 관점이 바로 여기서 훌륭하게 접목될 수 있기 때문입니다. 채용 면접관이 지원자가 어떤 신앙관을 가졌는지, 또 그 신앙관을 통해 어떤 차별적인 능력이 있는지, 그리고 그 신앙관과 세계관으로 입사한 후 어떤 차이와 경쟁력을 유지할 것인지를 물을 때 담대하게 카운터펀치, 즉 다윗이 골리앗을 향해 던진 물맷돌을 던지는 것입니다.

믿음의 눈으로 바라보는 전체적인 시각의 전략과 교회 성도들 간의 조직 구성과 각종 프로그램 등의 움직임을 통해 본 구조화된 시스템의 3S^{Strategy,}

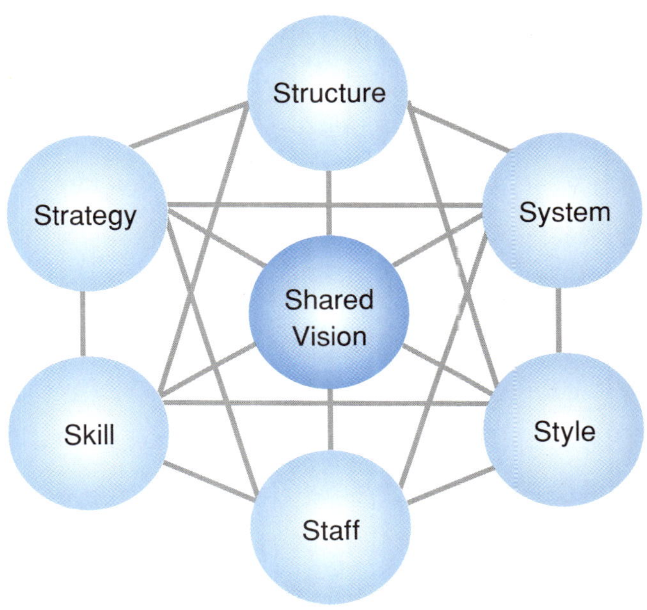

Structure, System를 우선 들 수 있습니다. 그리고 그다음 단계 3S의 인프라를 들여다 볼 수 있는데 신앙생활을 통해 만난 많은 사람과 그 속에 담긴 나름대로의 신앙생활 스타일과 세련된 믿음의 기법 등의 3S Staff, Style, Skill가 자연스럽게 우러나올 수 있게 될 것입니다. 더불어 이 여섯 가지를 함께 묶은 공유된 비전 Shared vision의 요건을 신앙적인 관점에서 충분히 구체화하여 말할 수 있는 능력들이 크리스천들에게 자연스럽게 내재화 된다고 보여집니다.

이러한 것은 말을 잘하고 못하고의 문제가 아니라 7S와 같이 구조화 될 수 있느냐 없느냐의 문제로 귀결됩니다. 신앙이 경쟁력이 되어야 한다고 말하는 크리스천 채용 면접관들이 의외로 많습니다. 단순히 취업 잘되고 합격을 보장하는 심리적 안정 기제나 정서적 여리고 성이 되어서는 그 누구도 세상에 나가 소금과 빛의 사명을 감당할 수 없다고 느끼기 때문입니다.

세상을 이기고도 남음이 있는 믿음의 전신갑주를 입고서도 그 무게를 견딜 수 없어 힘들어 하는 크리스천 청년들을 주위에서 가끔 봅니다. 만약 전신갑주의 중량을 이기지 못하고 헤맬 거면 차라리 다윗과 같이 벗어 던지고 감히 물맷돌만 가지고도 당당히 나설 수 있는 구직자가 되면 어떨까 하는 생각을 기업의 채용 면접관으로서 지적하면 과잉 조언일까요?

신앙의 경쟁력이 없는 삶을 살다가 겨우 대학 졸업장 받고 그럭저럭 취업 문턱에서 경쟁률이 높다는 말에 오히려 안심하는 구직자를 많이 보게 됩니다. 다른 사람들도 힘든데, 크리스천이라고 해도 별 수 있을까라는 생각을 하고 회사의 입사지원서를 쓴다고 한다면 실패와 좌절은 불 보듯 뻔한 것임을 확언할 수 있습니다. 지원하는 회사가 최초에 설립되고 잘 운영하는데 중요시 여기는 경영 철학과 비전도 모른 채, 지원자 자신이 가진 얕은 스펙과 지원 역량으로 덤비면 오히려 웃음만 살 수 있습니다.

일단 채용 면접관을 만나기 전 회사의 경영 철학에 대해 7S 중 3S 측면을 당당히 말할 수 있도록 연습하고 무장하길 바랍니다. 이미 크리스천 청년들은 자신의 구원 체험과 같은 인생의 의미 있는 변화를 겪은 사람들입니다. 그런 변화가 그다지 큰 의미의 변화는 아니었다고 할 지원자도 있을 수 있지만 아무튼 이러한 변화의 의미를 직장 선택에 있어 중요한 모멘텀momentum이 됩니다.

그리고 지원한 직무에 대해 말하기 전 3S에 대해서 차별화된 논리를 전개해보는 것이 중요합니다. 당연히 직무하는 데 있어서 능력의 우월성을 보증할 수 있는 우수한 학점이 있는 지원자는 두려움이 없을 것입니다. 오히려 문제는 크리스천이든, 이슬람 신자든 간에 학과 전공자로서 당연히 보여줘야 할 우수한 학점, 성취도나 기본적인 전공발휘능력 없이 그동안 안 하던 철야, 금식 새벽기도와 일시적인 '기도원 기도'로 요행을 바라는 것이라 할 수 있습니다.

현재의 채용 기법을 '기술의 시대'에서 '과학의 시대'로 넘어가는 과도기로 보는 채용 면접관들이 많습니다. 기도의 요행을 통해 구직 지원자로서의 취업 요행을 바라는 것이 취업의 경쟁력과 남다른 차별점이 되는 것은 아닐 것입니다. 그럼에도 불구하고 회사에 대한 전략적 이해나 직무 요건에 대해 체계적인 설명조차 할 수 없는 지원자라면 어떤 채용 면접관들도 그 지원자를 경쟁력 있다고 생각하지 않습니다.

채용 면접관이 찾는 차별화는 다양한 부분에서 두각을 나타낼 수 있습니다. 그런데 종교적 배경과 신앙적인 배경을 가진 지원자가 면접 평가 조에 편성되면 반기독교적 성향의 채용 면접관이나 종교 거부적인 편향성을 가진 채용 면접관은 당락의 여부를 떠나 채용 심사자로서의 자신의 신념을 강화하기 위해 더욱 강한 의심의 눈초리로 압박 질문을 들이대게 마련입니다.

입사하고자 하는 회사의 경쟁 전략에 대해 잘 아는지, 또는 그 직무가 가진 특성과 성과를 어떻게 내야 하는지를 아는지와 같은 회사와 직무 관련된 질문을 할 때 바로 경쟁력 있는 답변을 할 수 있어야 합니다.

또 '지원자 개인의 단점이 무엇인지, 인생 중 가장 큰 실패가 무엇인지, 떨어진다면 어떤 이유에서인지, 학교 다닐 때 가장 어려운 과목은, 가장 힘든 사람은, 가장 후회되는 때는' 이런 질문을 채용 면접관이 묻는다면 신앙적인 경험을 통해 이겨나간 것도 좋은 답변이 될 수 있지만, 오히려 자신이 세운 인생의 방향과 전략을 기점으로 객관성을 잘 발휘한 경험을 말하는 것이 경쟁력을 보여주는 방법이 됩니다.

특히 요즈음 지원자들의 입사 구직 경향은 특정한 회사나 직무를 목표하는 경우도 있지만 대부분은 '묻지마 지원'이 많다고 판단됩니다. 이러한 경우 비차별적인 지원자들을 선별적으로 골라내는 과정에서 특별히 신앙생활을 잘한다고 하는 지원자들의 변별적이고 개성 있는 지원 동기를 채용 면접관이 듣게 된다면 큰 의미 있는 만남이 될 수 있을 것입니다.

다음의 그림들은 채용 면접관들이 핵심 인재를 선발하는 8가지 선별 기준과 조직에 부합되지 않는 문제 직원들을 선별하는 8가지 기준입니다. 간단한 그림으로 표현되어 있어 지원자들이 어떤 태도를 보이는지에 따라 즉각적으로 핵심 인재와 문제 인재를 선발하는 데 차별화 측면에서 유용하게 사용되는 표입니다.

핵심 인재 선별 기준 8가지

전문적 업무능력 활용
전공 지원직무분야

다방면 지식
업종+직무+기업

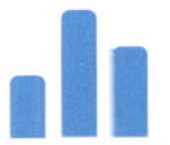

계량적 감각 우수
숫자, 도식, 분석적

시스템 사고 경험
사고방식 시스템화

탁월한 대인관계
분석, 전략, 중장기적

우수한 소통능력
전달 강의능력 우수

일과 삶의 균형
학문적 + 연간적

심리적 안정감
자기통제와 안정감

문제 인재 선별 기준 8가지

외모 집착
자신감 태도 위축

입사 경쟁률
과민반응

취업 스펙
매달리기

취업 동아리
자소서 베끼기

취업사이트
정보 맹신

무조건 대기업
대도시 관리직 지원

급여, 근로조건
과대관심

군 경험
어학연수

PART
02

크리스천
지원자의
믿음의
취업전략

내가 기도하노라 너희 사랑을 지식과 모든 총명으로 점점 더 풍성하게 하사, 너희로 지극히 선한 것을 분별하며, 또 진실하여 허물 없이 그리스도의 날까지 이르고, 예수 그리스도로 말미암아 의의 열매가 가득하여, 하나님의 영광과 찬송이 되게 하시기를 구하노라.

And this is my prayer: that your love may abound more and more in knowledge and depth of insight, so that you may be able to discern what is best and may be pure and blameless until the day of Christ, filled with the fruit of righteousness that comes through Jesus Christ--to the glory and praise of God.

빌립보서 1: 9~11

01

크리스천 지원자의
VIP 취업 전략

취업에 성공한 사람들이 말하는 취업 비결을 믿나요? 또한 그들이 말하는 취업 비결의 공통점을 믿나요?

매년 신문기사에 우수한 대학에 수석 합격한 사람의 인터뷰 내용을 믿는 사람들은 아마 가슴 졸이는 학부모님들뿐 일거라는 짤막한 콩트를 본 적이 있습니다. 학생들이나 선생님들은 그 기사에 대해 그다지 감동하지 않기 때문에 그런 말이 나온 것 아닌가 생각합니다. 그 이유가 무엇일까요? 그것은 학생들 각자의 공부 방식과 학습 스타일, 선호하는 과목이 다르기 때문입니다. 더욱이 중요한 것은 지원한 학교와 개인의 교육적, 학업적 특성도 다르다는 점입니다.

그렇다면 취업에 성공한 사람들의 구직 성공 인터뷰 기사나 소감 발표 내용을 듣고 보는 구직 지원자들은 어떤 느낌을 가질까요? 과연 취업에 성공한 신입사원들이 가진 남다른 비법이 있을까요? 이런 궁금증을 해소하기 위해 요즘 20개도 넘는 취업포털Job Portal이라는 인터넷 업체들이 활발히 구직 비법을 소개하고 있습니다. 과연 크리스천 구직자들에게 도움이 되는 내용이 있는지 크리스천 채용 면접관의 입장으로 묻고 싶어질 때도 많습니다.

크리스천 청년들도, 아닌 청년들도 요즘같이 높은 실업률과 낮은 취업률 시기에는 '취업 비결'이라는 주제는 더더욱 눈에 띄는 이야기일 것입니다. 이러한 상황에서 크리스천 청년이 어려운 취업 환경을 뚫고 합격을 했다면 어떤 이유에서 일까요? 운이 좋아서 합격한 것일까요? 기도를 많이 해서 합격한 것일까요? 아니면 밤늦도록 도서관에서 열심히 취업 시험 준비와 면접을 잘 준비해서 합격한 것일까요?

경험 많은 채용 면접관들이나 채용 전문가들은 위의 세 가지 비법이 모두 정답이 아니라고 단정 지어 말합니다. 단지 운이 좋아서도 아니고, 그렇다고 신앙심으로 기도를 열심히 하여 기도 응답을 받아 합격한 것도 아니고, 무조건 밤늦도록 취업 시험을 공부한다고 합격한 것도 아니라는 것입니다. 그럼 셋 다 합하면 정답일까요? 즉 기도도 열심히 하고, 운도 좀 기대하고, 밤늦도록 도서관에서 열심히 취업 공부한다면 합격일까요? 정답은 아쉽게도 "NO" 입니다.

요즈음 어려운 취업난은 8가지 단계의 난관을 뚫고 합격한 사람들 때문에 더더욱 이야깃거리가 됩니다.

맨 처음 (1) 입사지원서 제출과 서류 통화 합격으로 시작하여 (2) 인성과 적성 검사 통과 합격 (3) 영어시험에서도 긴장하지 않고 잘 듣고, 말하고, 쓰는 능력을 발휘하여 합격 (4) 인성, 토론, 발표 면접에서 각각 긴장 안 하고 답변 잘하여 합격 (5) 직무 면접에서도 일관성을 유지하여 합격 (6) 채용 면접관 면접 때도 잘 보여 합격 (7) 임

원 면접에서 목소리 커서 합격 그리고 (8) 경영진의 초종 면접에서도 우수한 인재라는 평가를 받으며 합격

이렇게 8가지나 되는 어려운 난관을 뚫고 취업에 성공한 신입사원들의 공통점이 무엇인지 지원자 본인들도 알고 있는지 궁금합니다. 사실은 지원자들도 잘 모르고 합격하는 경우도 많습니다. 정답은 무엇일까요?

아주 중요한 사람을 뜻하는 VIP에 그 해답이 담겨 있습니다. 아무리 학점이 좋고, 우수한 학교를 나오고, 수십 군데 회사에서 인턴을 해도 VIP가 없으면 불합격입니다. 영어를 아무리 잘하고, 인성, 토론, 발표 면접에서 발군의 실력을 발휘해도 탈락하는 크리스천 지원자가 부지기수입니다. 아무리 훌륭한 사람의 추천을 받아도 채용 면접관, 임원, 경영진과의 면접에서 VIP가 없으면 또다시 다른 회사에 입사지원서를 제출해야만 합니다. 그 정답이 점점 더 궁금해집니다. 바로 VIP를 기억하면 이 8단계를 무난하게 그리고 탁월하게 넘을 수 있습니다.

크리스천 구직자들은 실제 하나님과의 영적인 교제와 성경공부, 기도생활, 찬양과 묵상을 통해 익숙해진 프로세스입니다. 그것이 바로 이 책을 요약한 취업의 비결이라 할 수 있습니다. 그것은 취업을 위해 지원하는 지원자의 VIP가 있는지를 보는 것입니다.

VIP를 모르는 사람은 없습니다. 영어로 'Very Important Person'이라는 뜻이니까요. 하나하나 천천히 설명하겠습니다. 이 말은 '지원자가 아주 중요한 사람이냐'를 본다는 뜻이 아닙니다. 지원자가 성공에 필요한 세 가지가 있는지를 본다는 뜻입니다. 그것은 VIP로 쉽게 외울 수 있습니다.

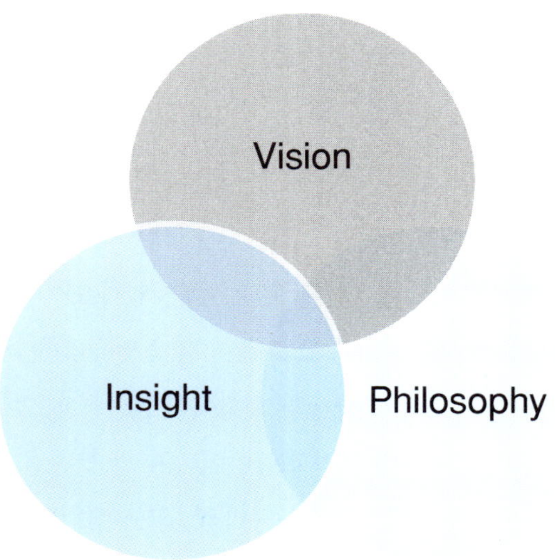

- **Vision** 회사 지원에 따른 비전, 소망과 야망(뚜렷한 지원 소신을 가진, 멀리 보는 것)
- **Insight** 지원하는 회사를 꿰뚫는 통찰능력(회사와 직무를 이해하는, 깊이 보는 것)
- **Philosophy** 삶에 대한 철학과 경험과 지혜(살아온 경험을 통한, 넓이 보는 것)

위의 세 가지가 있다면 합격이라고 할 수 있습니다. 즉 지원자가 VIP가 있는지를 채용 면접관들과 임원들과 경영진이 8단계의 과정을 통해 주도 면밀하게 살펴보고, 회사가 원하는 성과에 기여할 수 있는지를 과학적으로 분석한 다음, 그 분석이 맞는 경우 회사가 원하는 성과가 개인의 VIP와도 잘 맞는지를 보고, 궁극적으로 '개인의 비전과 성찰과 삶의 철학'과 잘 맞는다면 합격을 최종적으로 결정합니다. 간단히 도해로 설명하자면 4가지 요소의 선순환을 가져올 지원자만 신입사원으로 뽑는다는 것입니다.

아무리 운이 좋아도 VIP가 불분명하거나 뚜렷이 말 못하는 지원자도 많습

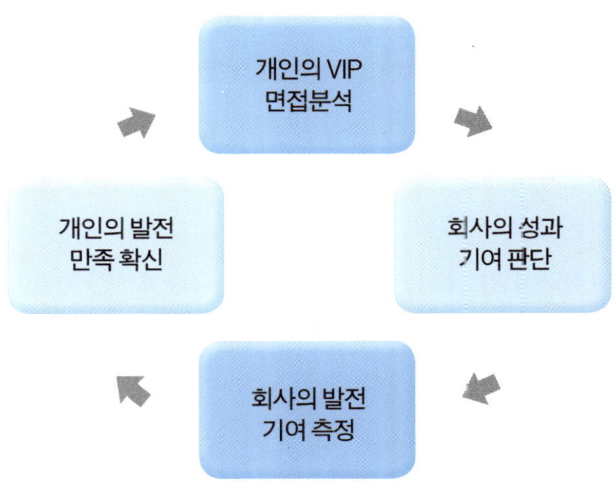

일반 기업의 면접 전략을 이해할 수 있는 그림
(지원자 개인의 VIP가 불투명하면, 결국에는 채용 면접관을 설득할 수 없습니다)

니다. 훌륭한 신앙인의 자세가 있다 하더라도 회사가 원하는 성과가 무엇인지도 모르는 지원자도 있습니다. 이런 지원자에게는 견접 중간에 퇴장시키는 회사도 있습니다. 또 취업 준비를 열심히 하긴 하지만 학교의 도서관에 쳐 박혀 경영학 이론만 공부하는 크리스천 청년들도 많습니다. 이젠 이렇게 준비해서는 합격하기 어려운 시대입니다. 그래서 기업 현장과 영업 현장, 연구소 현장에 직접 가서, 보고, 느끼고 경험하는 것이 필요합니다. 그래서 인턴십을 하려고 여름방학, 겨울방학 없이 불철주야 뛰어다니는 것이겠지요.

그래서 VIP가 없는 사람들을 가리키기도 하는 말이 취업 동아리들 사이에 또는 대학가에 유행합니다. 그것이 채용 면접관들이 제일 만나고 싶지 않은 부류의 '도베족'입니다.

도 : 도'서관에서 공부만 하며 회사에 대한 현장 경험보다는 책에 나온 취업 정보만 공부하는 것
베 : 남들이 쓴 우수한 입사지원서나 자기소개서를 '베'끼고, 말만 바꾸고 좋은 표현 외우는 것
족 : 인터넷 취업 사이트에 나온 기출 면접 문제에 대해 '족'보를 만들어 통달할 정도로 분석하고 외우는 것

저희 회사는 VIP만 받습니다. VIP가 없는 분은 지원하지 마세요.

채용 면접관의 입장에서 보면 합격하는 지원자들은, 회사가 원하는 지원자의 모습을 잘 갖출 뿐만 아니라 자신의 비전V과 성찰I, 그리고 철학P을 잘 세일즈·마케팅합니다. 그런 우수한 지원자만을 채용 면접관들은 합격의 자리에 앉혀 놓고 싶어 합니다. 문제는 신앙을 가지지 않은 비크리스천 지원자들과 크리스천 지원자들을 객관적으로 비교해볼 때입니다.

크리스천 청년들은 의외로 신앙이 없는 지원자들보다 자신이 가진 내적인 가능성들을 비전과 성찰, 그리고 철학 측면에서 다음의 세 가지 이유로 제대로 펼치지 못하는 경우가 많습니다.

첫째, 비전, 성찰, 철학이 전혀 없는 경우입니다.

취업에 대한 두려움과 세상에 대한 잠재적인 공포, 우려, 걱정, 소심함, 딱딱한 기업 정서, 막연한 경직성 같은 것들로 자신의 지원 의지에 대한 투명한 밑그림을 그리지도 못하고 있습니다. 세상이 두려운 지원자들입니다.

둘째, 비전, 성찰, 철학이 흔하디흔한 경우입니다.

다른 지원자들과 스펙 전쟁에 혈안이 되어 학점, 어학성적, 자격증, 동아리 활동, 어학연수, 공모전, 인턴십, 아르바이트 등 동일한 경쟁의 맥락에 머물러 있습니다. '열심히'는 하지만 '잘'하지 못하기 때문에 그 목적과 결과에 대해 뚜렷이 드러내지 못합니다. 세상이 두려워하지 않는 지원자들입니다.

셋째, 비전, 성찰, 철학이 잘못된 방향에서 우쭐대는 경우입니다.

크리스천이라는 것이 세상을 이길 수 있는 무기임을 브인하지 않아야 하는데, 오히려 세상 속에서 갈 길을 잃은 지원자의 모습입니다. 즉 세상이 주는 가치인 금전적, 명예적, 가치적 판단이 크리스천으로서의 경쟁력을 잃게 하는 경우입니다. 전혀 크리스천의 모습으로 무장하지 않을 뿐더러, 세상이 주는 기쁨에 젖어 합격의 영광을 자신에게 돌립니다. 세상이 그의 크리스천적인 모습을 찾을 수 없는 지원자입니다.

같이 취업을 준비한 지원자들과 함께 4년여 동안 대학에서 우수한 교육도 받고, 또 여러 취업 동아리를 통해 취업 준비도 비슷하게 하였음에도 불구하고, 취업을 한 지원자들이 현저히 적다는 사실이 크리스천 구직자들을 더욱 경직되게 만드는 것 같습니다.

그 많은 취업 동아리에서의 교육과 4년여 동안 받은 대학 교육도 그다지 취업에 큰 도움을 주지 않는다는 반증이기도 합니다. 크리스천으로서 대학 교육이나 전문적인 취업 동아리 활동을 능가하는 변별력 있는 취업 준비가 필요한 시점이 된 것입니다.

그 변별력을 '전략적인 은혜'Strategic Grace라 부릅니다. 즉 신앙생활 가운데 체험한 은혜들이 취업이라고 하는 전쟁터에서 기막히게 활용될 수 있다는 측면에서 붙여진 이름입니다.

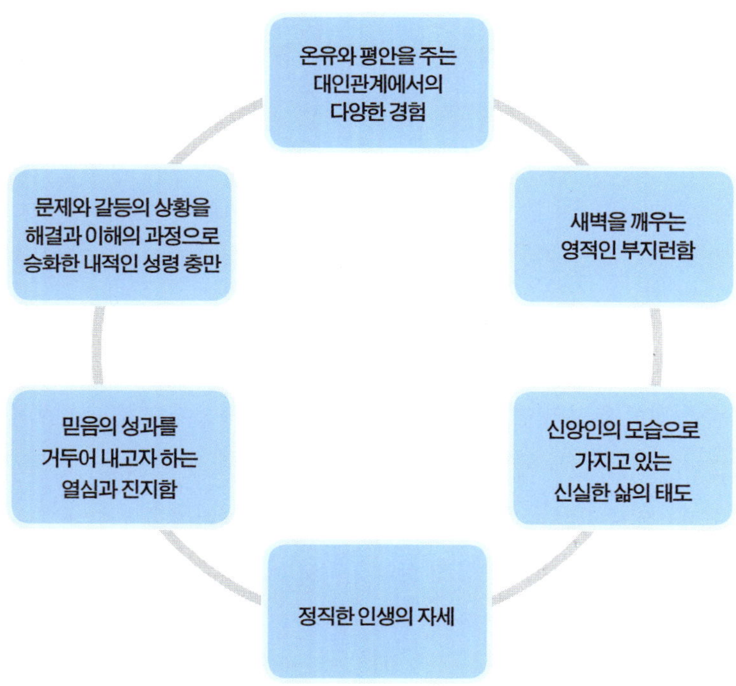

(1) 신앙인의 모습을 가진 신실한 삶의 태도

(2) 정직한 인생의 자세

(3) 믿음의 성과를 거두어 내고자 하는 열심과 진지함

(4) 새벽을 깨우는 영적인 부지런함

(5) 온유와 평안을 주는 대인관계에서의 다양한 경험

(6) 문제와 갈등의 상황을 해결과 이해의 과정으로 승화한 너적인 성령 충만

이러한 모습들 속에 세상이 감당할 수 없는 전략과 비법들이 넘쳐 납니다. 그 넘치는 전략적 은혜 속에서 '운'에 대한 막연한 기대와 '오직 기도'라는 단순한 자세와 '열심히 공부'라는 맹목적 태도로 취업 준비를 하고자 한다면 그것이 바로 세상에 대해 지혜롭지 못한 크리스천 청년으로서의 안타까운 모습일 것입니다.

세상이 두려워하는 것은 바로 세상에 대한 칼 같은 통찰력을 가지고, 지원하려는 기업이나 조직들이 가지고 있는 특성을 아는 것입니다. 자신이 가진 전략적 은혜들을 하나씩 매치해가며 세일즈·마케팅하는 것이 구직 승리의 비결입니다.

취업을 잘 시키는 취업 동아리의 뛰어난 핵심 인재들을 분석해보면 아주 쉬운 결론이 나옵니다. 일종의 취업 기술에 속하는 내용인데, 그들은 기업들의 채용 면접관의 관점을 꿰뚫어 그 기업 특성을 뛰어나게 잘 파악하고 있다는 것입니다. 그래서 지원자 자신이 가지고 있는 다양한 경험과 장점들을 회사가 요구하고 바라는 점들과 일대일로 맞추어가며 호소력 있게 답변합니다. 오히려 기업의 현황과 인사 부서의 채용 기준을 채용 면접관보다 더 잘 이해하고 자신이 쌓아온 연구 분야와 잘 매치시켜 지원자 자신이 회사에 미치는

‘현재적인 가치’를 보여줍니다. 그뿐 아니라 그 가치를 잘 활용하여 현재의 성공을 더욱 크게 할 수 있다는 ‘미래적인 가치’도 과감히 말하는 홍보 전략을 잘 발휘합니다.

여기서 한 가지 크리스천 지원자로서 기억해야 할 포인트가 몇 가지 있습니다. 채용 면접관들이 채용을 결정하는 상황에서 그것들이 중요하게 작용되기 때문에 전략적인 은혜와 더불어 같이 기억하면 훨씬 도움이 되는 내용입니다.

첫째, 기독교인으로서 가진 올바른 인성과 적성만 가지고는 회사 취업에 필요한 회사의 채용 기준에 부합되지 않는다는 것입니다.

둘째, 인성이 좋고 적성이 부합되더라도 업무에 대한 전문성과 전공에 대한 ‘똑소리 나는’ 실력 발휘의 가능성이 없게 판단되어도 이 지원자는 온전한 합격 결정을 받을 수 없다는 뜻입니다.

셋째, 인성과 적성도 채용 면접관 마음에 들고, 직무적인 전문성도 임원들의 마음에 들어도 다른 지원자와 비슷한 능력과 평범한 컬러의 경쟁력이라면 사장님의 심금을 울리는 최종 합격자의 명단에 오르지 못합니다.

채용을 결정하는 의사결정자—채용 면접관과 임원과 최고 경영자—의 각기 다른 채용 관점을 온전히 겸비하면 할수록 신앙을 가진 지원자들이 신앙을 가지지 않은 지원자들보다 더 우수한 합격 요건을 가졌다고 확신할 수 있습니다.

채용 면접관의 자리를 한 번 상상해보거나, 그 입장이 되어보면 합격입니다. 과연 채용 면접관들은 어떤 사람들일까 고민하며 취업 준비를 해본 사람들이라면, 회사의 채용 기준에 대해서 생각해보고 지원자로서 자신의 장점을 그 기준에 최대한 맞추도록 채용 면접관의 눈높이에서 준비한 사람들일 것입니다. 당연히 회사의 채용 철학과 프로세스를 관리하고 있는 채용 면접관들이 채용 결정을 하기 때문에 그들이 어떤 일을 주로 하고 있는지 파악하는 것도 채용 전략에 큰 도움이 됩니다. 적어도 채용 면접관이 가진 채용에 관한 몇 가지 키워드만이라도 알고 있어도 회사 선택의 양상이 달라지고, 연봉의 첫 숫자가 달라지고, 몇 년 후 내밀 명함의 타이틀이 달라지고, 타고 다닐 차의 크기가 달라질 것입니다.

회사에서 새로운 신입사원을 모집하고 선발하는 일을 주로 하는 사람들을 가리켜 채용 면접관 또는 인재개발 팀장이라는 타이틀을 부여합니다. 이 채용 면접관들은 회사에서 '직원'과 관련된 일들을 주무로 담당하는 사람들로, 하는 일들이 상당히 많은 직업 중의 하나라고 할 수 있습니다. 적어도 회사에 소속된 직원들뿐만 아니라 회사에 입사하기 위해 노력하는 사람들을 뽑는 채용이라는 일이 중요한 직업 특성을 가진 사람들입니다. 구직 지원자로서 아마 처음 회사를 지원하면서 만나는 사람일 것이고, 또 대학교의 채용 설명회 같은 곳에서 처음으로 대면하는 사람일 것입니다.

그 채용 면접관이 주로 하는 일은 돈을 관리하는 재무파트나 IT라 불리는 전산파트, 또는 회사의 브랜드를 관리하는 홍보파트와는 다른 성격의 일을 가지고 있습니다. 즉 돈이나 정보 기술 또는 브랜드의 관리와는 성격이 다른 속성의 업무 영역을 가졌다는 뜻입니다. 한문으로도 '사람(人)의 일(事)'이라고 할 일을 규정지어서 그런지 몰라도 사람과 관련된 일이라고 하면 가장 먼저 뛰어다니면서 책임 의식을 갖고 일하는 사람이라 할 수 있습니다.

채용 면접관들은 주로 어떤 일을 회사에서 하기에 그렇게 바쁜 것일까요?

회사마다 차이가 있을 수 있겠지만 대체로 5가지 정도로 나뉩니다. 이를 '빅파이브Big 5'라고 부르며 흔히 우리 주위에 있는 놀이동산 같은 곳에서 가장 인기 있는 놀이기구 5개가 있는 것처럼 인사부의 가장 중요한 일을 5가지로 나눈 것입니다.

우선 회사가 필요로 하는 성실하고 우수한 사람을 선발하는 '채용Recruiting 하는 일'과 그 뽑은 직원이 일을 잘하도록 '교육Training하는 일'과 성실히 일한 대가로 '월급Reward 주는 일'과 일을 잘하도록 도와주는 '성과Performance 관리하는 일'과 직원들의 대표와도 회사 일을 토의하고, 때로는 직원들이 맡은 일을 잘 못하는 경우 '관리Administration 감독하는 일' 등도 담당합니다.

이와 같이 채용 면접관들은 '빅파이브Big 5'(채용, 교육, 급여, 성과, 감독)를 중심으로 여러 가지 다양한 일을 수행하며 월급을 받는 사람들이기 때문에 최선을 다해 그 업무의 과정과 결과를 거두고자 합니다. 특별히 사람을 뽑는 일에는 타협할 수 없는 중요한 원칙을 두고 살아가는 채용 면접관들이 많습니다. 요즘 들어서는 특별히 인재 채용을 중요시 여기는 회사가 굉장히 많이 늘어나고 있고, 인재 채용이 회사의 중요한 경영 철학이 된 경우에 더욱이 채용에 대한 무게 중심을 더 두고 있습니다. 그래서 채용의 문턱이 높아지는 것임을 알 수 있습니다.

이 다섯 가지 업무를 주로 하는 채용 면접관의 입장에서는 당연히 채용하는 과정에서 지원자가 회사에 선발Recruited 되어 교육trained도 잘 받고, 업무성과Performed도 잘 내고, 급여Rewarded에 만족하고, 관리Administered도 잘 받는지를 그려보며 채용을 하게 됩니다. 채용 면접관이 신(神)이 아닌 이상 지원자의 미래 모습에 대해서는 정확히 알 수는 없지만, 그 지원자가 가지고 있는 입사 전의 경험과 생각, 해온 일, 학교 시절의 성과나 사람들과의 관계 등을 파악하여 채용 결정하게 됩니다.

그래서 3가지 정도로 채용 기준을 나누고 그 3가지의 요건을 3C Character, Competency, Competitive 라고 전문적으로 분석하고 과학적으로 검증하여 선발 결정을 하게 됩니다.

현명한 지원자는, 지원서를 쓰는 것, 인·적성 검사를 받는 것, 영어시험을 보는 것, 특히 인성 면접, 토론 면접, 발표 면접이든 어떤 면접 상황에 참여하게 되더라도 채용 면접관의 입장에서 3C의 내용이 녹아들게 '쓰고 말하고 대응하는' 사람들입니다. 자신의 장점을 말할 때도 보다 업무와 연관성 있는 방향으로 말하고, 남들이 얘기하는 진부한 것이 아닌 지원한 회사와 직무가 요구하는 것이 무엇일까 고민하여 면접에 임하는 지원자입니다. 그래서 결국에는 채용되어, 교육받고, 성과도 내고, 급여도 받을 만한, 채용 면접관의 입장에서 3C를 가진 올바른 지원자를 찾게 됩니다.

특히 크리스천 지원자는 3C를 더욱 탁월하게 보일 수 있는 가능성이 많습니다. 신앙인으로서 다져진 인·적성과 학교 다니는 중에 충실히 연마한 직무 전문성과 신앙인이라는 남다른 경쟁력을 가진 그 모습이, 면접 단계마다 잘 어필할 수 있도록 하는 것이 필요합니다. 이렇게 할 수 있도록 지원하는 과정에서 3C가 충분히 어필되고 반영될 수 있도록 준비하는 것이 취업 준비의 핵심 전략입니다.

단순히 기도(인·적성) 많이 한다고 해서 합격의 가능성이 높아지는 것이 아닙니다. 도서관에서 열심히 경영학에 대한 사례(직무 전문성)를 외운다고 해서 되는 것도 아닙니다. 남다른 장점(조직 부합성)을 외워서 말하는 것은 더더욱 아닙니다. 이처럼 인·적성과 직무 전문성과 조직에의 부합성이 살아 숨 쉬도록 하는 데 필요한 전략은 따로 있습니다.

그것이 바로 3개의 C를 이해하고 모든 준비 과정에서 반영하는 비전V과 성철I, 철학P의 기술이 필요한 것입니다.

회사의 채용 철학을 신앙의 눈으로 바라보면 합격의 전략이 보입니다.

거의 모든 회사에서는 우수한 인재를 관리하는 인사 철학이 있습니다. 또는 그 회사나 조직을 경영하고 있는 높으신 분들, 즉 최고 경영자가 중요시 여기는 회사 운영의 원칙이 있습니다. 이들 중에 그래도 구직자들이나 신입사원과 밀접한 연관을 가지고 있는 것이 '인재 중심의 경영'이라 생각됩니다. 이런 회사 운영의 원칙들을 잘 살펴보면 모든 면접 문제가 거기서 나온다는 것을 알 수 있습니다.

그런데 문제는 암기에 익숙하다 보니, 그런 원칙들이 왜 나오게 되었는지도 잘 모른 채 외우기에 급급하고 그 의미도 모른 처 면접 때 외워대는 지원자들도 부지기수입니다. 이런 것들을 암기만 하지 말고 잘 이해한다면 면접의 답도 쉽게 맞출 수 있습니다.

예를 들어 "지원자는 인재를 어떤 사람이라고 생각합니까?"라는 질문이라든가 "어떤 사람이 요즘에 우리 회사에 딱 필요한 인재라고 믿습니까?"라든가 하는 질문이 그런 유형에 속하는 인재 중시 회사의 기본적인 질문입니다. 좋은 답변은 어떤 요소들이 들어가 있어야 할까요?

일단은 회사의 기업 경영 철학에서 인재를 중요시 여기고 인재 육성이 중요시 되는 이유를 분석하세요. 예를 들어 우수한 인재들이 뛰어난 기술 개발을 하여 고객에게 혁신적인 제품을 출시한다든지. 아니면 탁월한 직원들이 고객들의 문제점이나 고민들을 현명하게 잘 해결한다든지 등의 기본적인 내용을 이해하고 있으면 충분합니다. 그래서 다음과 같은 요소들을 면접 답변에 포함하면 됩니다.

저는 인재란 회사에서 꼭 필요로 하는 사업 역량을 가진 특별한 사람들이라 생각합니다. 우수한 제품 기술을 이해함과 동시에 고객이 원하는 진짜 좋은 제품을 개발하고 또 시장에 잘 내놓아 회사의 수익을 올리는 데 절대적인 역할을 하는 특별한 달란트가 있는 분들일 것입니다. 무엇보다 회사의 경영을 이해하고 전략을 실천하는 데 밤늦게도 근무하고, 어려움도 극복하고, 갈등도 잘 해결하는 공수양면에서 뛰어난 사람들을 인재라고 믿고 있습니다. 그런 인재를 중히 여기는 회사에 지원해서 답변할 수 있는 기회를 주셔서 감사합니다.

채용 면접관들은 지원자가 회사가 무엇을 하는지는 물론이고, 그것을 하는 과정에서 필요로 하는 본질적인 방식을 알고 있는지 듣고 싶어 합니다. 그런 의미에서 위 답변은 모두 충족시킨 사례라 할 수 있습니다. 이런 답변들은 신앙적인 경험과 인간적인 배려가 있는 지원자들에게서만 찾아볼 수 있습니다. 신앙적인 경험은 단순히 회사의 직무 특성만 이야기하지 않고, 채용 면접관이 업무 중 마음속 깊이 원하는 정서적인 유대 같은 것도 기대합니다.

이와 같이 채용에 담긴 인사 철학은 '일 열심히 하는 회사'라는 딱딱한 개념에서 회사가 가는 방향을 잘 이해해야 합니다. 그래서 좋은 성과를 내고 더불어 개인도 발전할 수 있다는 '인재 중시와 배려의 회사'의 속 깊은 뜻을 내비치는 것이 필요합니다.

그것이 바로 진정으로 우수한 지원자이자 핵심 인재가 될 수 있는 탁월한 크리스천 지원자의 모습입니다. 신앙인이 아닌 지원자들이 가진 그들의 다소 기초적인 답변은 수학 문제의 공식과 같이 여러 다른 지원자들에게서 복사된 느낌을 많이 내포하기 마련입니다. 신기하게도 신앙과 믿음의 지원자들의 남다른 차별점인 '공수양면'(攻守兩面)의 실력 발휘가 이와 같은 상황뿐만 아니라 다른 채용 의사결정의 자리에서도 더 탁월하게 발휘되는 첫 단추가 되기도 합니다.

이렇게 회사는 '인재 중심'이라는 슬로건과 방침 같은 것들을 대내외적으로 공공연히 외치고 광고함으로써 직원과 인재를 소중히 여기는 회사라는 이미지를 강조하고 있습니다. 그리고 이를 통해 많은 사람이 그 회사를 좋게 보기를 바라는 속마음이 담겨 있음을 면접 답변 전략에 십분 활용할 수 있어야 합니다.

크리스천으로서 가진 정서적 안정과 긴장과의 영적 전쟁 상황에서 이런 답변 기법을 활용한다면 긴장된 것이 오히려 곧바로 좋은 답변의 에너지가 되고 활기찬 모습의 비타민이 되는 것임을 경험하게 될 것입니다.

그러므로 하나님의 전신갑주를 취하라 이는 악한 날에 너희가 능히 대적하고 모든 일을
행한 후에 서기 위함이라 그런즉 서서 진리로 너희 허리 띠를 띠고 의의 흉배를 붙이고
평안의 복음의 예비한 것으로 신을 신고 모든 것 위에 믿음의 방패를 가지고 이로써 능히
악한 자의 모든 화전을 소멸하고 구원의 투구와 성령의 검 곧 하나님의 말씀을 가지라.

Therefore put on the full armor of God, so that when the day of evil comes, you
may be able to stand your ground, and after you have done everything, to stand.
Stand firm then, with the belt of truth buckled around your waist, with the
breastplate of righteousness in place, and with your feet fitted with the readiness
that comes from the gospel of peace.

에베소서 6: 13~18

크리스천 지원자의 전신갑주 취업 전략

인재 전쟁이라는데, 크리스천 지원자들이 입고 있는 '전쟁 복장'은?

'인재 전쟁'War for Talent은 인사부에서 자주 쓰는 표현으로, 이 말을 거의 매일 쓰다시피 하며 우수한 인재를 채용하기 위해 노력하는 사람이 바로 채용 면접관입니다. 그럴 정도로 사람과 인재에 대해 '대단히 중요하다'Significantly Important는 지표를 대내외적으로 많이 어필하여 실제 우수한 인재를 많이 채용하는 데 실질적인 결과를 얻기도 합니다. 우리나라 어떤 대기업의 회장님도 "우수한 인재 한 사람이 몇 천 명을 먹여 살린다"고 말하는 이유가 바로 여기에 있다고 할 수 있습니다.

그런데 문제는, 우수하고 성실하다고 판단되어 채용된 직원들이 실제 직장 생활에서는 그렇지 않다는 것입니다. 그 문제가 한두 사람에게만 나타나면 어느 정도 특별한 현상이라고 넘어가겠지만, 계속해서 다양한 부서에서 여러 사람에게 나타나면 보통 문제가 아닙니다.

채용 면접관들이 어렵게 채용한 신입사원들이 만약 업무도 게을리 하고 성실하지도 못한 모습을 보인다면, 회사의 사장님은 그 사람에 대해서 실망은 물론이고, 단순히 실망만 한 채 자신의 사무실로 오는 것이 아니라, 사무실 자리에 앉아 어떤 의미 있는 행동을 취할 것입니다. 그 취하는 행동은 방금 전의 문제 직원들을 전화로 불러 야단치는 것이 아니라, 그 불성실한 직원을 뽑았던 채용 면접관을 불러서 어떻게 그런 직원을 뽑게 되었는지 질문할 것입니다. 그리고 채용 프로세스에 대해서도 의문을 가지고 물으실 것입니다. 채용 면접관이 누구였는지, 지원서는 잘 읽어보았는지, 인·적성 검사는 제대로 실시했는지, 평가 체계는 잘되어 있는지, 채용 설명회는 어떻게 실시했는지, 면접 평가 교육은 제대로 했는지 등을 꼬치꼬치 물을 것입니다. 한마디로 그동안 잘 진행되어오던 인재 채용 시스템 전체에 실망하고 그 대안과 해결책을 물을 것입니다. 즉 업무에 불성실한 직원의 책임이 불성실한 개개인이나 업무를 해나가는 주위의 여건에도 있을 수 있지만, 근본적으로 그러한 불성실한 직원을 채용하게 된 선발 전략과 선발 프로세스를 지적하는 것입니다.

이만큼 인재에 대한 관심과 열의가 최고 경영진에서부터 흘러나오고 있는 이상 가장 우수한 인재를 채용해야 하는 인재 전쟁에서 이기지 않으면 안 되는 채용 면접관의 마음을 조금은 이해할 수 있습니다. 신앙인으로서 이런 상황을 이해하고 거기에 대한 취업 성공 전략을 세우는 것이 현명한 방법입니다. 크리스천들이 입어야 할 인재 전쟁의 갑옷은 〈에베소서〉 말씀같이 구조화된 취업 준비 비법으로 무장하는 것이 세상을 이기고 인재 전쟁을 승리로 이끄는 비법이 될 것입니다.

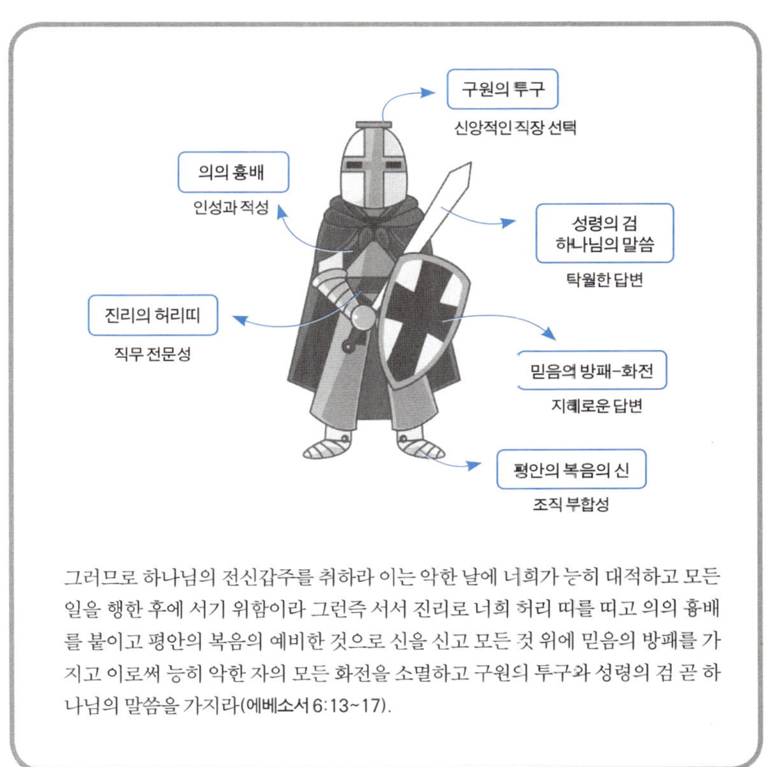

그러므로 하나님의 전신갑주를 취하라 이는 악한 날에 너희가 능히 대적하고 모든 일을 행한 후에 서기 위함이라 그런즉 서서 진리로 너희 허리 띠를 띠고 의의 흉배를 붙이고 평안의 복음의 예비한 것으로 신을 신고 모든 것 위에 믿음의 방패를 가지고 이로써 능히 악한 자의 모든 화전을 소멸하고 구원의 투구와 성령의 검 곧 하나님의 말씀을 가지라(에베소서 6:13~17).

구원의 투구

회사를 선택하거나 일하고자 하는 직업을 선택할 때 가장 중요한 것은 그 회사와 직무가 과연 구원받은 크리스천으로서 그리스도의 뜻에 합당한가라는 확신입니다. 만약 술, 담배를 판매하는 회사를 선택하여 지원자가 전공한 경영학적 전문 지식으로 많은 술과 담배를 팔아야 하는 책임과 역할을 훌륭하게 수행해야 할 수도 있습니다. 그렇지만 그것의 영적, 신앙적 결과가 바람직하지 않다면 구원의 투구로 무장할 수 없습니다. 종교 항목에 '기독교'라고 되어 있고 해외 선교에 꿈이 있는 어떤 지원자가 해외의 유명한 담배 파는 회사에 어떤 이유로든 입사하는 경우도 있습니다. 자신의 신앙적 가치관과 담배라는 비신앙적 기업 목적이 배치되어 있다면 채용 면접관으로서는 그리 좋은 지원자와 만나고 있지 않다고 판단하기 마련입니다. '취업하기도 힘든데 그런 데라도 취업의 기회가 있다면 다행이다'라고 생각한다면 입사 이후 회사 목적을 달성하기 위해 밤늦도록 수고해야 하는 상황이 입사 몇 개월 만에 '그만 둘까?' 하는 갈등으로 드러날 수도 있습니다. 그것이 바로 개인의 '구원'은 잃어버리지는 않지만 '구원의 기쁨'은 잃어버릴 수 있다는 전신갑주의 중요한 전략을 놓치게 되는 경우입니다.

또 기독교적인 기업에 입사하였다 할지라도 개인의 신앙관과 세계관이 그 회사가 직면할 수 있는 크리스천 기업으로서의 다양한 기업 환경(예를 들면 관공서나 기업들과의 관계, 여러 고객들과의 접대 문화, 명목적 기독교 신자 직원들과의 갈등, 술 마시는 회식 문화 등)에서 구원받은 자로서의 거룩함과 신실함을 이중으로 상실하게 할 수도 있습니다. 그래서 구원의 투구는 직장 선택의 가장 중요한 전신갑주의 한 부분이 됩니다.

의의 흉배

여전히 우수한 인재를 채용하는 기업의 관점은 '기본기'backbone가 충실한 지원자를 찾습니다. 기본기가 안 되어 있는 전사(戰士)들은 인재 전쟁에서 얼마 가지 못하고 맥없이 회사를 그만 두거나, 다른 회사를 찾아 또다시 지원서를 준비할 것이기 때문입니다. 그것이 이른바 인간성과 적성입니다. 인간성을 '인성'(人性, Personality)이라 부르고 업무에 대한 적성을 '업무 적성' 또는 '적성'(適性, Aptitude)이라 줄여 부릅니다. 이 의의 훙배가 기본기를 나타내는 인성과 적성을 가리킵니다. 인성과 적성이 뛰어난 지원자일수록 회사에 충성되게 일 잘할 것이라는 신념을 갖게 마련입니다 그래서 전통성과 규율을 중시하는 대기업과 전통적인 기업일수록 인성과 적성이 뛰어난 지원자를 선발합니다. 그래서 이 인·적성 검사를 통해 분석하기드 하고 채용 의사결정에 활용하기도 합니다.

학교생활, 신앙생활, 학점, 전공, 대인관계, 업무 스타일, 커뮤니케이션, 인생 중 어려운 일, 장·단점, 존경하는 인물, 인생의 쓰라린 실패의 경험, 앞으로 5년 후 모습, 요즘 읽는 책, 좋아하는 사회 유명 인사, 스포츠, 색깔, 외국어서 길을 잃으면, 1억 원이 생긴다면 등

이런 면접 질문들이 개인의 인성과 적성을 알 수 있습니다. 그래서 입사지원서를 쓸 때부터 최종 면접에 이르기까지 일관성 있는 답변과 스타일을 나타내야 합니다. 그렇지 않고 상황에 따라 뒤죽박죽 좋은 답변만 골라서 하거나 기회를 틈타 돌발 답변을 하는 경우 거짓말 지원자로 평가받을 수 있습니다. 그런데 문제는 대다수의 지원자는 이 '일관성의 단계'만 알고 있을 뿐 그 다음 단계인 '탁월성의 단계'를 알지도 못하고 활용하지도 못합니다. 방금 나온 다양한 인·적성 관련한 질문들과 채용 면접관들의 궁금증에 '일관성' Consistency 있는 답변을 하는 중에도 '탁월성'Significance이라는 지원자로서의

의의 흉배가 드러나야 우수한 지원자로 인정받을 수 있습니다.

다시 말해 신앙인으로서의 진지하고 신실한 삶의 모습을, 안정되고 일관된 인성과 적성을 바탕으로 잘 녹여낼 필요가 있다는 것입니다. 단순히 교회에 열심히 나간다는 '출석 크리스천'이 아닌, 일에 대한 진지한 열의와 분석, 기획력을 갖춘 사고방식, 문제해결을 위한 갈등관리 기법, 상담과 조언을 통한 대인관계 사이의 문제해결 같은 탁월성이 보여야 하다는 것입니다. 단순한 지원자일수록 일상적인 인·적성의 장점만 가지고 인재 전쟁에 나섭니다.

예를 들면 '성실하다', '적극적이다', '도전적이다' 같은 것들은 경쟁력을 상실한 인·적성 아이템들입니다. 그러나 뛰어난 신앙적인 성숙을 이룬 지원자는 체계적, 계량적 분석력을 바탕으로 한 탁월한 문제해결 기술과 적극적인 경청능력과 이해하기 쉬운 논리적 표현력을 갖고 있다는 것을 어필합니다. 더불어 상황을 잘 판단하는 리더십과 정서적인 공감대도 형성하는 뛰어난 기술도 겸비하고 안정된 조직관리와 2인자로서의 리더 보좌 기법과 같은 것들을 갖추고 있어야 합니다. 이런 것들을 통해 기존의 인·적성을 더욱 멋지게 하는 기독 신앙의 지원자다운 모습을 보여주게 되는 것입니다. 이런 모습들은 신앙생활을 통해 이루고자 하는 영적인 성장과 더불어 세상의 믿지 않는 사람들을 향한 크리스천적인 인·적성 부분의 '의의 방패'일 것입니다.

진리의 허리띠

사람들이 아마추어와 프로의 차이를 비교할 때 일에 대한 과정Procedure과 결과Result의 수준을 말합니다. 아마추어는 개인의 기호와 취미 정도의 과정과 결과로 큰 부담감 없이 일을 합니다. 반면에 프로들은 목숨을 걸다시피 하여 완성도 높은 걸작 차원의 최종 결과물로 승부합니다. 면접이나 취업을 위한 과정에서도 마찬가지입니다. 아르바이트나 인턴 직무를 지원하는 사람들과는 다르게 철저한 지원 회사에 대한 분석과 직무에 대한 통찰력이 프로급 수준에 이를 정도의 굳센 '진리의 허리띠'를 동여매지야 합니다. 이를 채용 전문용어로 '직무 전문성'(職務 專門性, Job Professionalism)이라 부릅니다. 직무에 필요한 인성이 좋은 지원자도, 적성에 딱 맞는 지원자도 일할 수 있는 직무 전문성이 보장되지 못한다면 그 지원자는 신앙인이든 비신앙인이든 모두에게 불필요한 사람이라 할 수 있습니다.

직무에 대한 전문성이 필요한 이유는, 회사를 위해 근무하는 신입사원으로서 업무의 성과를 내는 데 대학교에서 배운 지식이 제대로 활용되지 못하고 있다는 채용 면접관들의 의견을 생각해볼 필요가 있습니다. 즉 맡은 업무에 대한 전문적인 지식과 기술 그리고 그것들을 활용할 수 있는 태도를 'KSA'라 부르는데, 'Knowledge, Skill, Attitude'를 줄여 표현한 것입니다. 문제는 이런 전문성의 기반이 되는 지식, 기술, 태도를 이용하여 일하는 과정에서 크리스천 지원자는 진리의 허리띠로 남다른 승부수를 두어야 한다는 것입니다. 신앙인으로서 믿음의 반석이 되는 영적인 파워는 '말씀과 기도와 찬양'이라는 세 가지 하나님과의 관계성으로부터 기인한다는 사실과 일맥상통합니다. 진리의 허리띠 본연의 직무 전문성은 '열심히' 하는 기본 전술에서부터 성과를 목표로 '잘' 하는 선진 전략으로 한걸음 더 나아가야 제 능력을 발휘할 수 있습니다. 그래서 지원자로서의 기본 자세는 '일반적이고 경쟁력 없는 느슨한 사실에 근거한 허리띠'가 아닌 '특별하고 탁월한 타이트한 진실에 근거한 허리띠'를 꽉 맨 이미지를 연상할 수 있습니다.

채용 면접관들이 다소 거북해하는 지원자들이 있습니다. 이들은 어떤 면접 문제와 상황에도 "열심히 하겠습니다"라는 하나의 구호만으로 모든 문제를 풀려고 합니다. 그런데 현실은 그리 호락호락하지 않습니다. '열심히'Work Hard만 근무하면 좋은 성과로 모든 사람이 행복해야 하지만 기업의 현실은 그리 수월하지 않습니다. 궁극적으로 그 '열심'에 성과 위주와 결과 위주의 '잘' Work Smart하는 정신이 배어 있어야 합니다. 오로지 막연한 '열심히'Work hard 정신만 가지고는 아마도 감동할 수 없기 때문입니다.

크리스천 지원자가 잊지 말아야 할 남다른 경쟁력이 있다면, 채용 면접관들에게 진리의 허리띠로 회사와 업무에서 기대하는 결과를 보여주는 것입니다. 허리띠가 느슨하지 않아야 제대로 된 힘을 쓸 수 있고, 그 허리띠의 재질 또한 결과와 성과 위주의 궁극적인 사고방식이 필요한 시대입니다. 그래서 신앙인이 가진 성과와 믿음의 경주를 다한 후에 받는 면류관과 같은 결과 지향의 정신이 필요합니다. 이와 같은 진리의 허리띠를 통해 네 가지 표현 방식은 취업 상황 어떤 환경에서도 사용하지 않도록 하여야 합니다.

- 죽을 각오로 열심히 하겠습니다.
- 무조건 시키시는 대로 될 때까지 하겠습니다.
- 밤늦도록 잠 안자고 맡겨진 업무 완수하겠습니다.
- 합격만 시켜주신다면 언제 어디서나 최선을 다하겠습니다.

이런 답변은 확고한 진리의 허리띠가 아닌 막연한 의지의 허리띠로서 기업의 인재 전쟁과 같은 상황에서는 적절하지 않은 답변과 자세가 될 수 있습니다. 다음과 같은 표현으로 인재 전쟁에 임하는 자세를 드높여야 채용 면접관들이 신뢰하며 채용할 수 있는 우수 핵심 인재가 될 것입니다.

- 예전 경험을 바탕으로 성과와 결과로 보여드리겠습니다.
- 주어진 업무의 궁극적인 목표가 무엇인지 명확히 꿰뚫고 일하겠습니다.
- 야근하지 않도록 평소에 명확히 근무 요건 파악해서 성과 달성하겠습니다.
- 일의 스피드도 중요하지만 제대로 방향성 잡고 좋은 결과 내놓도록 하겠습니다.

믿음의 방패

방패는 적의 공격을 막는 데 주요한 목적으로 사용됩니다. 적의 공격이란 회사 업무를 함에 있어 직장생활이 개인의 가치관과 잘 갖는지, 조직의 다양한 문제에 대해 받아들이고 동화될 준비가 되어 있는지, 신앙적인 가치관이 기업의 세속적인 가치관과 갈등이 있는지 등의 문제를 말합니다. 신앙을 가지지 않았다면 받지 않아도 되는 질문들을 크리스천이라는 이유만으로 받을 수 있는 상황이 발생하기도 합니다. 문제는 여기서 '조직에의 부합성 정도'라는 채용 면접관들의 평가 항목이 생기는데, 크리스천으로서 가진 약점이 있을 것이라는 생각으로 난해한 문제를 출제하는 의외의 채용 면접관들을 지혜롭게 이겨나갈 수 있어야 믿음의 방패를 잘 사용하는 것이라 할 수 있습니다.

신앙인이라는 것에 대한 불신과 의심을 가진 채 제기되는 조직 부합성 질문들은 조직이 가진 공통적인 목표 의식과 단결, 단합, 통합의 정신에 부합해야 합니다. 즉 크리스천으로서 잘 부합하는 특성을 가졌는가에 대해 자신 있게 믿음의 방패를 사용할 수 있어야 한다는 뜻입니다.

예를 들어 팀원들이나 거래처와 함께 술 마실 기회가 많을 텐데 "술을 잘 마실 줄 아느냐?"라든가, "상사의 주량이 소주 5병인데 지원자의 주량은 어느 정도인가?"라든가 "외부 손님이 많이 오는 관계로 접대가 일상적인데 잘 적응할 수 있는가?", "일요일도 없이 근무하는 환경에서 잘 적응할 수 있는가?"라는 질문을 신앙생활과 연결 지어 물어보는 경우가 많습니다. 어떻게 대응하는 것이 믿음의 방패를 사용하여 잘 처리하는 것일까요?

저는 크리스천이기 때문에 술은 절대로(가급적, 되도록, 피할 수 있다면…) 하지 않습니다. 그런 상황이라면 정중히 거절하고 실례되지 않는 범위 내에서 행동하도록 하겠습니다.

이러한 답변은 "절대 마시지 않겠습니다"라는 답변보다 논리적인 설득력을 발휘합니다. 상황에 대한 이해와 거절의 근거, 그리고 추후 행동 방식을 간략히 알려주고 있기 때문입니다.

주량이 얼마인지를 거짓말하는지 시험해보는 차원에서 직접 술을 앞에 놓고 면접하는 기업은 아직 없다고 판단됩니다. 가끔 회식 면접이라는 형태를 취해 술 먹는 태도와 행동 양식을 보고 적절한 인재인가를 판단하는 이상한 회사가 있기는 하지만 그런 예외적인 경우를 제외하고는 주량에 대해 구체적으로 말하는 것도 현명하지 못한 대응입니다. 크리스천으로서 적절하지 못할 뿐 아니라 추후에 별 필요 없는 음주 즐기는 회사 문화에 대해 말할 것이 뻔하기 때문입니다. 술을 통한 대인관계나 영업 환경을 예로 들어 '술 권하는 사회'를 조장하는 기업의 채용 면접관에게는 단호한 입장을 보여줄 필요가 있습니다.

- 면접관님 말씀대로 술을 잘 마셔야 영업이 잘된다고 하시면 그 회사는 일보다는 술의 주량 정도에 따라 성과가 결정되는 회사가 될 것이라 생각됩니다.

- 원활한 고객 관계는 술보다는 믿음과 신뢰라는 기본적인 틀 안에서 더욱 다져지는 것이지, 술과 접대라는 틀에서는 오히려 불신과 불편한 거래 관계만 형성될 것입니다.

- 술이 아닌 제품의 기술력과 합리적인 영업 전략이 그 회사의 영업 역량을 2배, 3배 이상 올리는 때가 바로 요즘이라 생각됩니다.

- 입사한 후에 면접관님의 탁월한 대인관계 경험들을 최고의 맛집에서 훌륭한 고객들과 함께 점심을 즐기며 배울 수 있는 기회를 가졌으면 좋겠습니다.

주일성수에 대한 채용 면접관들의 질문 의도는, 신앙생활을 하지 말라는 뜻으로 받아들이면 큰 착오입니다. 오히려 지원자의 소신과 신앙관이 회사의 출퇴근 규정과 충돌할 때의 입장으로 회사와 개인의 관계성을 유지하는지를 묻습니다. 현명한 지원자는 회사 규정을 우선으로 하는 지혜를 발휘합니다. 신앙을 위해 취업 기회를 뭉개는 어리석음을 부리지 않는 것이 좋습니다.

- 일요일은 저뿐만 아니라 직장인 모두에게 큰 의미가 있는 날입니다. 물론 회사에 출근해야 하는 규정이 있다면 당연히 해야 합니다. 회사가 개인의 신앙적인 자유와 갈등을 불러일으키면서까지 유지된다면 그 회사는 직원들과의 갈등을 얼마 견디지 못하고 위태하게 될 것입니다.

- 제가 지원한 이 회사는 직원들을 존중하는 회사로 알고 있고, 제 직무의 필요성에 대해 최선을 다해 회사 규정을 존중하는 범위에서 저의 신앙생활을 존중받고 싶습니다.

이와 같이 믿음의 방패를 사용하는 데는 세 가지 중요한 기법이 있습니다. 알아두면 탁월한 우수 인재라는 타이틀을 얻을 수 있습니다.

첫째, 회사 규정과 제도는 철두철미하게 지키고 존중한다는 의지를 천명하세요.

신앙보다 우선하지는 못하지만 기업의 채용 면접관들은 지원자들이 자신의 신앙관, 세계관, 가치관을 회사의 프레임에 맞추기를 기대할 정도로 중요시 여기는 것을 이해한다고 마음먹으세요. 회사 규정, 표준, 원칙, 윤리, 가치, 인재상, 경영목표는 지원자들을 회사가 원하는 목적지에 갈 수 있도록 길을 밝혀주는 등대입니다. 신앙관과 충돌이 생기면 어떻게 하냐는 질문을 받는다면, 신앙보다 우선시 되는 점을 따져 보고 그 부분을 더 우선시 하겠다고 말하세요. 그리고 보완 사항으로 신앙관의 중요성도 존중받아야 한다고 융통성 있게 입장을 취하세요. 이를 통해 기업과 신앙의 갈등 구조를 통합 구조로 바꿀 수 있습니다.

둘째, 회사의 성과에 기여한다는 표현을 많이 사용하세요.

영어로는 'Make a major contribution'이라고 합니다. '최선을 다한다', '열심히 한다'는 표현보다는 '잘하겠다는 표현'을 쓰라고 한 이유가 바로 여기에 있습니다. 회사의 성과에 기여하려면 '열심히' 해서 되는 것이 아니라 '잘해야만' 하는 태도가 필요하기 때문입니다. 예를 들어 학교에서 공부 잘한 것도 회사에 '기여'하기 위한 것이고, 영업 직무나 공장을 지원한 것도 회사 발전에 본인 전공이 잘 활용되어 '기여'하기 위한 것이고, 본인의 신앙관이 중요한 이유도 회사에 좋은 '기여'를 많이 할 수 있도록 하기 위함이라는 것

을 의도적으로 보여주는 것입니다. 이것이 바로 세일즈·마케팅이라 불리는
이유입니다.

셋째, 예수 믿는다는 것에 대한 자부심을 드러내는 것입니다.

어설프게 면접 답변도 잘 못하는 중에 신앙에 대한 압박 질문이나 함정 질문이 나오게 되면 크리스천이라는 것에 대해 갑자기 태도를 돌변하는 것을 많이 볼 수 있습니다. 술을 잘한다든지, 주일에 한두 번 빠지는 것은 일반적이라든지, 교회가 너무 많고 배타적이라든지, 대인관계의 경험이 제한적이라든지 하는 이유 없는 부끄러운 고백을 하는 경우입니다. 이런 지원자는 신앙에 대한 신념과 의지도 약하기 때문에 채용 면접관이 고개를 갸우뚱할 수밖에 없습니다.

믿음의 방패를 가진 크리스천 지원자로서 신앙은 무기이자 방패의 최첨단 장비입니다. 회사가 원하는 직무의 특성과 지원한 기업이 원하는 기업 목적을 달성하는 데 신앙적인 실천력과 성찰능력이 필요합니다. 그리고 도전적인 의지와 능력이 모두 잘 활용될 수 있음을 과감히 어필하는 것도 잊지 말아야 합니다. 그래야 눈에 띄는 우수한 인재로 평가받고 신앙도 남다른 원칙과 조화의 두 마리 토끼를 잡는 인재로 인정받을 수 있습니다. 씨 뿌리는 농부의 비유에서와 같이 돌밭에 떨어진 씨앗과 같은 가벼운 지원자 자질Candidate qualification의 인상을 줄 수도 있습니다. 이는 본인에게 있어 현재뿐만 아니라 추후에 있을 다양한 채용 일정과 입사 후 대인관계 측면에도 도움을 주지 못할 수 있습니다.

성령의 검

'성령의 검'은 세상을 향해 싸울 때 가장 중요한 무기이자 더욱 다듬어야 할 인생 목표의 핵심입니다. 중요한 무기로서 적응하고 이기는 전략이 될 뿐만 아니라, 더욱 갈고 닦지 않으면 쉽게 녹슬거나 무뎌져서 더욱 강한 적을 이길 수 없는 치명적인 결과를 초래하기 때문입니다.

만약 아담이 에덴동산에서 이 칼을 잘 사용했다면 이와 같은 책은 나오지 않았을 것입니다. 만약 뱀을 만난 자리에서 성령의 검을 빼는 모습만 보였어도 상황은 어렵게 되지 않았을 것입니다. 바로 이 성령의 검을 제대로 쓸 수 있는 것이 취업 면접 상황에서 아주 중요합니다. 세 가지 알기 쉬운 방법을 취업 측면에서 적용하여 많은 구직자가 합격의 영광을 맛보고 있습니다.

(1) 주제(Content)보다는 맥락(CONTEXT)이라는 성령의 검

첫째, 채용 면접관이 면접 질문에서 사용하는 단어보다는 그 문장의 문맥과 맥락을 이해하고 답변하기 바랍니다. 무엇What 보다는 왜Why를, 나무Tree 보다는 숲Forrest을 봐야 한다고 말하는 중요한 이유입니다. 나무만 보고 숲을 보지 못하면 다음과 같은 질문에 초급 지원자 수준의 답변만 하게 됩니다.

대학에서 왜 영문과를 지원했습니까?

이 질문은 '영문과를 어떻게 지원했느냐'는 지원 동기Content에 대해 물으면서 한 단계 나아가 '영문과를 졸업해서 어디에 써먹을 것이냐'는 맥락

Context까지 보고자 하는 것입니다. 즉 채용 면접관의 채용 의지가 담겨 있는 '합격용 질문' 중 하나라는 것을 아는 것이 무엇보다 중요합니다.

초급 답변

저는 외국어를 좋아하고 그곳의 색다른 문화를 좋아해서 입니다.

중급 답변

영어를 배운 후 세계 여행을 자유롭게 하고 국제 무대에서 의미 있는 활동을 하고자 영문과를 지원했습니다.

고급 답변

국제 공용어인 외국어의 의사소통 능력을 키워 앞으로 제가 일하고자 하는 경제무역 통상 분야에서 국제적인 활동을 하면서 회사에 최고의 기여를 하고 싶었습니다.

영어가 가진 국제 공용어로서의 글로벌한 의사소통 기법과 커뮤니케이션 능력을 길러 탁월한 리더로서 사람들을 이끌고 조직에 영향력을 주는 일을 하고 싶습니다.

영업부서를 왜 지원하셨나요?

이 질문은 영업이라고 하는 부서의 특성을 이해하고 그 부서의 중요성과 전략적인 영업, 마케팅, 제품, 소비자, 시장 변화 등을 총체적으로 꿰뚫고 있는지를 파악하기 위한 질문입니다.

초급 답변

모두들 회사생활할 때 의무적으로 거쳐야 한다고 들었습니다. 그래서 지원했습니다.

중급 답변

영업을 알면 회사 돌아가는 것을 알 수 있기 때문입니다.

고급 답변

영업은 회사 업무의 근간이자 뼈대라고 믿습니다. 우수한 연구개발과 좋은 생산 과정과 마케팅 과정을 거친 후 영업이라는 최종 단계에 회사의 승패가 있기 때문에 뼈대를 튼튼히 하고자 지원했습니다.

영업 없이 회사는 고객과 만날 수 없고, 고객과 만날 수 없으면 회사의 어떤 전략과 정책도 무의미하다고 생각합니다. 앞으로 제가 희망하는 마케팅을 제대로 하기 위해 영업에서 몇 년 정도 충분히 기본기를 다지도록 하겠습니다. 저의 신앙적인 관점을 바탕으로 신중히 결정하였습니다.

(2) 이론(Theory)보다는 경험(EXPERIENCE)을, I think보다는 I DID라는 성령의 검

만약 채용 면접관이 "지원자는 회사라는 곳은 대학과 무슨 차이가 있다고 생각합니까?"라고 생각을 묻는 질문을 한다면 초보 채용 면접관이거나 아주 유능한 채용 면접관 둘 중 하나입니다. 왜냐하면 생각을 말하라고 하면 머릿속에 그동안 만들어내고 지어낸 수천만 가지의 좋은 미사여구 답변을 쏟아낼 것이기 때문입니다. 그래서 유능한 채용 면접관은 '생각 질문'을 하고서는 지원자가 "생각합니다"라고 답변을 계속 하는지 아니면 실제적인 사례와 행동을 그 질문에 '행동 중심으로 결론 맺는지' 자세히 보는 경우가 있습니다.

🔍 지원자는 경영학과를 나왔군요. 경영학에서는 특별히 고객관리를 중요시 여기는데, 고객관리가 왜 중요하다고 생각하십니까?

초급 답변

고객은 왕이라고 생각합니다. 고객 없이는 저희 회사도 없기 때문입니다.

중급 답변

고객이 우리 회사의 상품을 사주고 이를 통해 이익을 거둘 수 있기 때문이라고 생각합니다.

고급 답변

제가 입사 전 제일무역에서 인턴으로 있을 때 저희 회사의 고객인 미국 바이어와의 다양한 의사결정을 통해 작은 결정도 저희와 그 회사에 아주 중요하다는 것을 경험하면서 고객관리가 기업의 생명이라는 것을 절실히 깨달았습니다.

고객관리라는 것은 말처럼 어려운 것이 아니라 가까운 내부의 고객인 직원들뿐만 아니라 회사 밖의 우리 물건을 사주는 외부 고객에 이르기까지 모두 중요한 우리의 '밥줄'이라고 믿습니다. 그런 신념으로 고객에 대한 다양한 경험을 실천하도록 하겠습니다.

(3) 스트레스(Stress)에는 강점(STRENGTH)이라는 성령의 검

채용 면접관은 지원자들을 볼 때 너무 많은 지원자를 상대하는 관계로 장단점을 잊을 때가 있고 간혹 혼동되기도 합니다. 특별히 장점을 많이 가진 지원자라 할지라도 더 뛰어난 장점을 가진 지원자들이 옆에 같이 앉아 있다 보면 회사에 120% 부합되는 지원자를 놓치기 쉽게 되는 상황도 발생합니다. 또는 정말 회사에 입사시키지 말아야 하는 지원자가 있어 '뽑지 말아야겠다'고 결정을 한 경우 그 결정이 정말 바른 결정인지를 확인하기 위해 압박 질문 또는 스트레스 질문을 하게 됩니다. 특히 기독교 신앙에 대한 반감을 가지고 있는 채용 면접관은 크리스천이라는 이유만으로 기독교적 내용이 지원서나 다른 면접 상황에서 나타나면 이 또한 스트레스 질문을 통해 불합격 또는 회의의 결정을 위한 굳은 의지를 펼쳐 보고자 하는 경향이 강합니다.

이런 압박 질문에는 가급적 긴장의 빛을 드러내거나 우왕좌왕하는 경향을 최소화 하는 것이 성공의 첫 단추입니다. 의연하게 받아들이고 개인의 장점으로 받아치는 전략을 발휘하면 됩니다. 신앙적인 것으로 압박 질문을 하게 되면 너무 표시가 나는 경우가 있어 채용 면접관들이 우회적인 압박 질문을 하는 것입니다.

초급 답변

영문학과에서 배운 영어를 바탕으로 기획실의 국제적인 신규 프로젝트 업무를 하고 싶습니다.

중급 답변

영어나 제2 외국어 관련된 언어능력을 우수하게 발휘하여 보다 논리성 있고 기획력 높은 프로그램과 운영 업무를 하도록 하겠습니다.

고급 답변

제가 배운 것은 영문학뿐만 아니라 기획실에서 필요한 국제화된 시각과 전략적으로 시장을 보는 시야를 다양한 인턴, 부전공 경험을 통해 익혔습니다. 그래서 앞으로 기획실 본연의 업무에 기여하도록 글로벌한 마인드로 신규 사업과 경영 분석, 경영 혁신적인 과제들을 담당하고자 합니다.

국제적 마인드, 경험, 대외통상의 중요성, 협상력, 국제적 감각이 녹아 기획실의 전략을 수립하는 데 도움이 되는 역할을 잘할 수 있도록 하겠습니다. 경영학 전공자들의 이론적 지식보다 영문학도로서의 넓고 창의성 있는 유비쿼터스의 인문학도의 정신이 이런 변화의 대세를 이끌 수 있다고 자신할 수 있습니다.

평안의 복음의 신

가장 중요한 선교사로서의 사역을 인생 최후의 목표로 직장생활을 선택하는 평신도 크리스천을 요즘 많이 볼 수 있습니다. 일명 평신도 사역의 현장을 이름 없이 빛도 없이 감당하기 위해 직장생활을 일종의 전초기지로 배우고, 익히고, 경험하는 차원이라 이해할 수도 있습니다. 이는 직장과 조직 세계에서 하나님의 뜻을 찾고자 하는 크리스천 청년의 모습이라 대견하기도 합니다. 이런 차원에서 직장 선택의 첫 관문에서 선교사적 사명을 띠고 면접의 관문을 통과하는 지원자는 평안의 복음의 신을 신고 담대히 나갈 필요가 있음을 말해주고 싶습니다.

크리스천이라는 이유만으로 불합격시키지는 않지만 크리스천에 대한 편견이 면접 시험장에서 적용되지 않기 위해 지혜를 발휘할 부분이 여기 있다고 믿습니다. 크리스천으로서 담대하면서도 지혜로움을 겸비한 직장인 선교사의 출발 선상에서의 모습이기를 기대하는 크리스천 채용 면접관들이 많습니다.

크리스천 채용 면접관이라고 해서 특별히 크리스천 지원자를 더 좋아하거나 또는 더 채용하고 싶거나 더 점수를 잘 주거나 하는 경우는 극히 드뭅니다. 왜냐하면 크리스천 채용 면접관이라면 더더욱 공정하고, 객관적이고, 신뢰도 높게 지원자를 선별적으로 선발해야 하기 때문입니다. 이왕이면 크리스천을 뽑아야 한다고 하지만 안 믿는 지원자가 업무에 더 적합하고 회사에 더 잘 적응하고 대인관계도 좋고 창의적이고 성실하다고 분석되면 당연히 신앙의 유무를 떠나 적임자를 합격시키기 때문입니다.

그렇다고 한다면 동등한 경쟁 선상에서라는 전제하에 이길 수 있는 방법이 없을까요? 물론 있습니다. 있기 때문에 그동안의 경험을 통해 승리의 가능성을 확신하고 이 글을 쓰는 것입니다.

첫째, 어떤 회사를 선택하였다면, 그 회사의 채용 면접관은 회사를 대표하는 경영진의 입장이 된다는 것을 기억해야 합니다.

그래서 그 회사의 3년차 대리의 입장에서 회사의 기본적이고 중요한 정보에 대해, 다방면 채널을 통해 잘 인지하고 있어야 합니다. 그리고 그 정보를 모든 면접 문제가 나올 때마다 연관 지어 설명할 수 있어야 합니다. 예를 들어 지원 동기, 학교 전공, 동아리 활동, 인턴 활동, 인생의 어려운 일, 개인의 장단점 등. 그렇게 할수록 회사에 대한 입사 준비가 확실히 되어 있다는 것을 증명할 수 있습니다. 회사와 지원자의 연관성이 가까울수록 자기 브랜드 전략이 성공을 거둘 수 있는 확률이 높습니다.

둘째, 직무에 대한 경험은 없지만 직무가 하루, 한 주, 한 달, 한 해 정도의 기간을 통해 어떤 일들이 주어지고 어떻게 진행된다는 일의 구성요소 같은 것들을 알아두는 것이 필수입니다.

입사하기 전에 어떻게 알 수 있냐고 말한다면, 아직까지 취업 준비가 덜 된 사람의 질문일 가능성이 높습니다. 왜냐하면 직무에 대한 정보는 일단 ①회사 홈페이지 채용 안내 부분 ②신문의 특정 직무를 소개하는 지면 ③학교 취업 지원실의 직무 분석 안내 팸플릿 ④취업 동아리의 구직 현황 ⑤각종 취업 포털 사이트의 구직 게시판 ⑥기업 정보 보관함을 분석하는 등 수도 없이 널려 있습니다. 기획실이 무엇을 하는지 지금이라도 언급한 정보만 가지고 수집한다 해도 10장 정도의 분량으로 프린트할 수 있는 내용이 됩니다.

더군다나 '문서'가 아닌 '사람'을 통한 정보를 구할 방법도 많습니다. 또, 가끔 회사에 오는 취업설명회 진행자인 채용 면접관 또는 지도 교수님과 기업 프로젝트를 운영하는 관련 기업 관계자를 통해 기업 정보를 얻을 수 있습니다. 기업 방문을 허락하는 기업을 통해서도 실제 직무 정보를 많이 구할 수 있습니다. 이 정보가 중요한 이유는 취업의 가장 중요한 요소 중 하나인 직무 전문성이 이 과정을 통해 속속들이 파악되고 답변될 수 있기 때문입니다. 거짓말하지 않는 신실한 지원자는 바로 이런 직무에 대한 현장 조사와 자신감 차원에서의 넘치는 활용능력을 보여주는 지원자임을 면접 현장에서 여실히 느낄 수 있습니다. 자신이 하게 될 일에 대해 통찰력 있는 설명과 그 경험들을 연관 지어 말하는 지원자에게는 채용 면접관이 함부로 압박 질문을 들이대지 않습니다. 이것이 바로 지원자로서 갖는 평안과 안정된 본연의 모습이 될 것입니다.

셋째, 복음의 신을 제대로 신었다는 것은 크리스천 지원자로서 정직성과 믿음에 대한 커뮤니케이션능력을 제대로 보여줄 수 있다는 것입니다.

면접 질문에 답변하는 내용도 정직성과 믿음을 바탕으로 만들어져야 합니다. 그렇지만 더 중요한 것은 커뮤니케이션능력입니다. 그래서 커뮤니케이션능력은 잘 듣고 잘 말해야 합니다. 이를 가리켜 채용 면접관들은 2가지의 LC가 뛰어난 지원자라고 일컬어 말합니다.

첫 번째 LC는 'Listening Comprehension'입니다. 채용 면접관이 출제한 문제를 잘 듣고 그들이 왜 그 면접 질문을 하는지를 간파해야 합니다. 지원자의 인성과 적성을 알아보고자 하는지, 아니면 직무에 대한 전문능력을 보고자 하는지, 아니면 남다른 경쟁력을 보고자 하는지 이런 세 가지 중요한 분석의 눈을 가지고 답변을 준비하면 백전백승입니다. 더 중요한 것이 있는데, 그 것이 바로 두 번째 LC, 즉 'Logical Communication'입니다. 아무리 잘 파악한 면접 질문의 의도도 잘 말하지 못하고 더듬거나 앞뒤 논리가 부족하면 그 동안의 노력이 수포가 됩니다.

인성과 적성의 질문에는 일관성과 차별성으로, 업무에 대한 전문성에는 열심히 한 것보다는 잘한 경험을 예로 들어 주면 채용 면접관이 합격의 고갯짓을 하게 됩니다. 그리고 남다른 경쟁력을 찾는 채용 면접관에게는 VIP(지원한 비전, 자신에 대한 성찰, 그리고 직장과 삶에 대한 철학)를 내놓으면 그 영적인 전쟁터가 바로 지원자의 손에 붙들린 승리의 장이 될 수 있습니다. 이것이 바로 평화의 신을 신은 지원자가 누릴 수 있는 축복된 평화의 걸음이라 할 수 있습니다.

물체를 확대하여 보는 두 개의 장치가 있습니다. 하나는 현미경microscope 이고 또 하나는 망원경telescope입니다. 현미경은 작은 것을 실제보다 크게 보이게 하고, 망원경은 실제로는 아주 큰데 멀리 있어서 잘 보이지 않는 것을 볼 수 있게 해줍니다. 두려움은 현미경입니다. 두려워하기 시작하면 아주 작은 문제도 견디기 힘들만큼 큰 문제로 확대됩니다. 담대한 것은 망원경입니다. 담대하면 평소 잘 보이지 않았던 엄청난 축복이 자신에게 있었다는 것을 발견하게 됩니다. "노래는 부를 때까지 노래가 아니며, 종은 울릴 때까지 종이 아니고, 사랑은 표현할 때까지 사랑이 아니며, 축복은 감사할 때까지 축복이 아니다"라는 말이 있습니다. 축복은 감사함으로써 잘 발견됩니다. 전신갑주의 활용 여부는 크리스천 지원자에게 달려 있습니다.

너희는 세상의 빛이라 산 위에 있는 동네가 숨겨지지 못할 것이요 사람이 등불을 켜서 말 아래에 두지 아니하고 등경 위에 두나니 이러므로 집 안 모든 사람에게 비치느니라.

You are the light of the world. A city on a hill cannot be hidden. Neither do people light a lamp and put it under a bowl. Instead they put it on its stand, and it gives light to everyone in the house.

마태복음 5:14

03 크리스천 지원자의 차별화 취업 전략

크리스천 지원자들의 일반적인 특성

Don't spend your time chasing blessings. Chase God and His blessings will chase you.

"올해 신입사원 지원자 중 크리스천이 특별히 많이 지원했다"라는 종교통계학적 관점을 가지고 합격자를 선택하지는 않습니다. 그 이유는 기독교 신앙을 가지고 있든, 불교 신앙을 가지고 있든지 간에 신앙적 선택은 헌법에서 보장하고 있는 자유의지의 선택 사항이기 때문입니다. 그리고 그 누구도 신앙과 종교를 근거로 채용 결정을 하지 않습니다. 그런데 문제는 이런 크리스천 지원자들이 면접 현장에서 평가되는 경향을 보면 반기독교적인 채용 면접관들로 인해 다소 편견이 작용하는 때도 있다는 것입니다. 이런 경우를 크리스천 지원자들이 많이 염려하기도 합니다.

인재를 가장 중요시 여기는 기업이라고 여러 매체를 통해 홍보하는 기업일수록, 그리고 그 규모가 국가를 대표하거나 특정 지역사회를 대표하는 기업일수록, 지원자가 가진 문화나 가치관, 종교적 특성이 업무를 잘하게 하고 회사생활을 잘하게 하는 것과 어떤 연관성이 있다고 보는 시각이 있을 수 있습니다. 그런 관점에서 크리스천 지원자에 대한 채용 관점을 어느 정도 분별하는 지혜도 필요합니다. 그래야 채용 면접관이 유독 다른 지원자들에게는 종교에 대한 질문을 하지 않는데 반해 크리스천 지원자에게 술·담배 질문이나, 주일성수, 대인관계와 같은 질문을 하는 배경을 이해하는 것이 효과적인 채용 면접관 다루기에 필요한 기술이라 할 수 있습니다.

한 가지 면접을 위해 기술적으로 참고할 만한 조언이 있습니다. 입사지원서에 지원자의 종교를 표시하는 항목이 있을 경우, 대개 취미, 특기, 자격증, 군대, 신체 특성 같은 개인 특성 파악 항목들 사이에 있기 때문에 '일반적으로 요구'하는 정보일 것이다고 생각하고 기재하기 마련이라는 것입니다. 회사에서는 의도적으로 불특정하게 배치함으로서 개인이 지닌 종교적 특성을 특이하게 보지 않고 있다고 은연중에 나타내는 의도라 할 수 있습니다.

지원자의 신앙이나 종교를 쓰는 항목인지라 국가인권위원회에서 인권침해의 소지로 없애도록 한 권고사항도 공표된 적이 있습니다. 문제는 각 기업에서는 이 종교 기재 항목을 없애지 않고 지원자의 인성을 파악하는 데 중요한 척도 중의 하나로 사용하고 있다는 점입니다. 이 종교 항목에 적힌 지원자의 신앙으로 채용 면접관들이 특정 선입견을 가질 수도 있다는 점을 생각해놓는 것이 좋습니다. 그래서 굳이 필요 없다면 종교 항목을 비워둔 채 기록하지 않는 것도 하나의 면접 스트레스 해결 방법 중의 하나라 할 수 있습니다.

만약 여러분이 참가하였는데 유독 종교적인 성향에 대해 강조하여 묻는 채

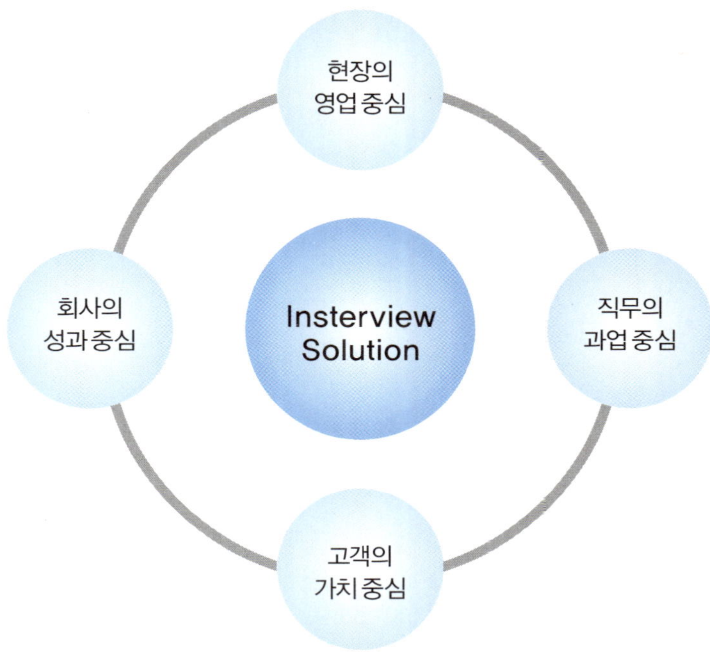

용 면접관이 있다면 단단히 각오하고 면접의 답변을 감정적인 것보다는 실질적인 직무 중심으로 유도하기 바랍니다. 개인의 신앙관이나 기독교 신앙을 가진 지원자가 여러분 한 명이라고 해도 그 신앙을 밝힌 이상, 숨거나 비겁하게 조변석개(朝變夕改)의 답변을 하지 않도록 하는 것이 필요합니다. 자기소개서에 유난히 신앙적인 성장 배경이나 교회활동이 많이 언급되어 있는 경우, 채용 면접관은 다소 개인의 신앙적인 정서를 자극하는 질문을 할 때가 있는데 겁낼 필요 없습니다. 충분히 지원한 직무에 대해 집중하고 회사의 성과에 기여하기 위해 지원한 우수한 지원자라는 마인드로 대응하기 바랍니다.

채용 면접관들이 예수 믿는 지원자는 뭔가 다를 것이라는 의식을 은연중에 느낄 수 있습니다. 그럴 경우 '과연 다르구나'라는 느낌이 들 수 있도록 회사의 성과 중심, 직무의 과업 중심, 현장의 영업 중심, 고객의 가치 중심으로 대응하면 그 어떤 채용 면접관도 스트레스 질문을 더 이상 하지 않을 것입니다.

크리스천 지원자들의 표면적인 장·단점

일반적으로 기독교 지원자에 대해 채용을 관리하고 인재를 선발하는 채용면접관들은 특별한 편견이나 선입견을 가지고 있지 않습니다. 종교적 활동이나 신앙적 깊이에 따라 인성과 적성, 직무에 대한 전문성, 또는 부합능력이 차이가 나는 것이 아니므로 크리스천이기 때문에 회사에서 떨어질 것이라고 하는 생각을 만약 한다면 그것은 틀린 말입니다.

그럼에도 불구하고 신앙을 가지고 있거나 특히 기독교에 대한 남다른 신앙이 투철하다고 판단되는 모습, 예를 들면 모태신앙이라든가, 부모님이 교회의 교역자 또는 목회자라는 사실을 입사지원서에 공공연히 기재하였거나, 다양한 교회 내에서의 활동을 입사지원서 여기저기에 도배하듯이 밝혀놓은 경우 채용 면접관들은 양면성 있는 생각 또는 선입견을 가질 수 있습니다.

이 지원자는 기독교 신앙이 투철하기 때문에 정직하고 성실하며 책임감이 남다르고 또 성결한 생활 태도로 순수하고 때 묻지 않았을 것이라는 생각 말입니다. 그래서 다양한 교회활동 등으로 인해 사교적이며 보통 이상의 대인관계의 적극성도 있을 것으로 판단합니다.

반면에 단점으로 지적할 수 있는 측면이 있다면, 대인관계가 교회 내에서

만 주로 이루어져 있을 것으로 판단하여 특정 사람들과는 깊을 수 있겠지만 넓지 않을 것이며, 대인관계에 있어서 그렇게 특이하거나 특출 나지 않은 심심한 인재로 평가받을 수도 있을 법합니다. 또한 슬을 못하기 때문에 대인관계나 다양한 친분 관계를 가져야 하는 직장생활에 다소 문제가 있을 것 같다는 은연중의 편견도 많이 있습니다.

더욱이 주일에 교회에 가야 하는 상황은 일요일에도 영업하거나 사업장을 운영하는 직장생활 환경과 갈등을 불러일으킬 수도 있다고 생각해볼 수 있습니다. 교회에 다니는 사람은 이런 연유로 집들이 때나 초상집에 가서 통상하는 화투나 포커 같은 것을 할 줄 몰라 다소 재미없는 밋밋한 인재로 인식되는 불편함도 있을 수 있습니다. 더욱이 크리스천들은 자기 신앙에 대한 배타성으로 인해 이기적이고 자기중심적인 사고를 할 수도 있다고 판단하고 이로 인해 조직이나 팀에 잘 융합하지 못할 수도 있다는 편견에 갇힌 채용 담당자도 가끔 나타나기도 합니다.

면접 현장에서 과연 이런 편견을 극복할 수 있는 지혜와 아이디어를 어떻게 익히고 발휘해야 할까요? 4단계의 취업 준비 유형을 이해하고 활용하면 채용 면접관의 편견을 극복할 수 있습니다. 종교적인 민감성은 채용 면접관이 지닌 어떤 연유에서든 개인적으로 이해해주기만 하면 그다지 감정적이거나 논쟁적으로 흐르지 않게 됩니다.

요즘 취업 시장에는 취업 준비에 100점 이상의 수준에 도달한 입사 지원자들이 넘쳐납니다. 스펙(Specification, 지원자 구비요건)이라 불리는 지원자의 기본적인 채용 요건이 회사가 요구하는 수준 이상에 위치해 있는 경우가 많다는 것입니다. 예를 들어 학점이 4.5만점에 4.0 이상 획득한 지원자가 30% 이상 되고, 외국어능력평가인 토익 같은 시험에서 1000점 만점에 900점 이상

크리스천 청년들의 취업 준비 유형 4가지

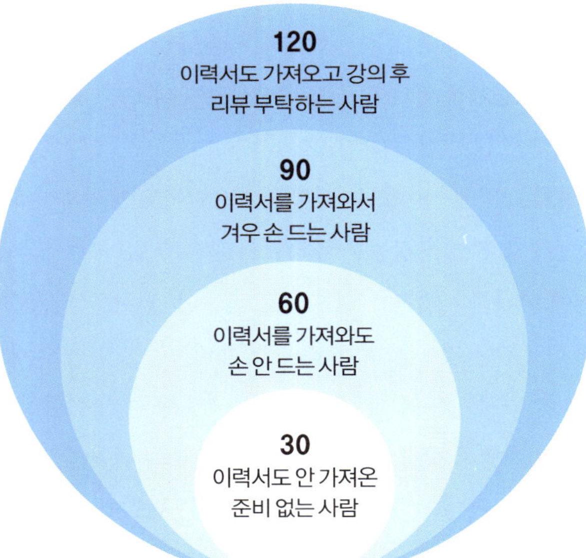

되는 지원자도 25% 이상 됩니다. 물론 회사가 요구하는 우수한 대학, 우수한 학과를 나온 경우, 또는 자격증과 동아리 활동, 어학연수, 인턴십, 아르바이트 활동, 경진대회 수상 등을 합하면 오히려 100점 이상의 점수를 획득하여 면접 과정 없이도 채용하고픈 수준에 이른 경우도 많습니다.

그런데 이런 스펙이 뛰어난 지원자들의 점수를 가지고 평가하던 시대가 지나가고 있음을 실감하는 여러 가지 징조가 요즘에 많이 나타납니다. 우수한 학교, 학과, 학점을 가지고 면접장에 들어온 지원자가 자신의 인성과 적성을 제대로 어필하지 못하고, 지원한 직무가 어떤 역량을 가지고 있어야 하는지도 제대로 모르는 경우도 많이 발견합니다. 그리고 지원자로서 보여줘야 할 남다른 경쟁력과 흔히 볼 수 없는 지원자 특성을 제대로 알려주지 못하는 경우도 허다합니다. 말하자면 좋은 제품인데도 제대로 홍보하지 않아 팔리지 않는 경우라 할 수 있습니다.

우리 크리스천 청년들이 실제 보이는 취업 준비는 어느 정도의 수준일까요? 이런 점이 궁금하지 않은가요? 물론 신앙이라는 것이 취업 준비의 수준을 결정하는 필수 요건이 되는 것은 아니지만, 신앙이 없는 사람들과의 취업 준비 유형을 비교해 본다면 기독교적 관점에서 다음과 같이 4가지 유형으로 판가름 지어진다고 할 수 있습니다. 여기서 말하는 기독교적 관점이란 철학적이거나 심오한 차원이 아니라 일상적인 취업 시장에서의 다양한 사례를 바탕으로 파악된 내용이라 참고할 만한 경우도 있을 것입니다.

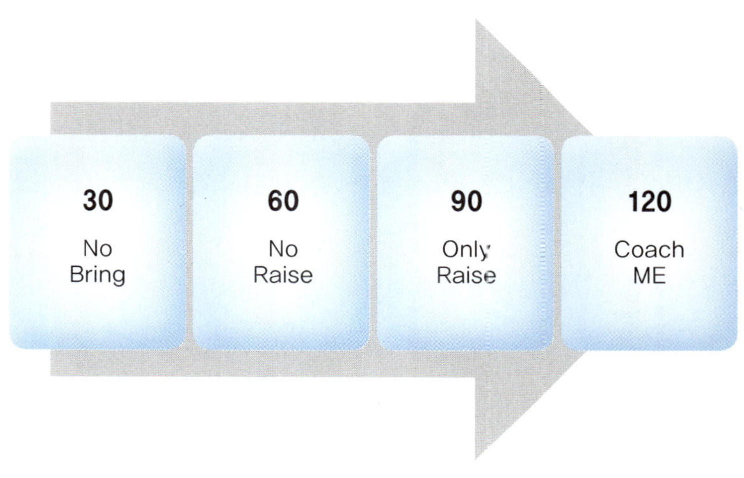

30점대 취업 준비 지원자의 유형

이 취업 유형은, 취업과 신앙이 별개의 삶을 사는 크리스천 지원자들의 유형입니다. 오로지 취업 준비에 여념이 없는 분들이라 할 수 있습니다. 입사지원서 종교 항목에 '기독교'라고 기록하는 것에 대해 아무런 생각이 없고, 어떤 유형의 면접 질문이 있을지조차 생각하지 않는 유형이라 할 수 있습니다. 물론 면접 답변으로는 신앙의 성숙도와 깊이를 알 수 없다고 하지만, 일단 크리스천으로서 가지고 있어야 할 '구별됨'Differentiation과 어딘지 모를 '다름'Separation이 없는 크리스천들이라고 판단되기도 합니다.

만약 '신앙생활을 통해 얻은 정신적인 이득이나 남다른 대인관계에 도움되는 부분이 있는지'라는 면접 질문에 대해서 내면의 성숙도를 보여주지 못하는 경우입니다. 특히 크리스천 지원자에 대한 의도 짙은 압박 질문이나 스트레스 성격의 질문이 있다면, 30점대에 속하는 유형은 당연히 '기독교 믿는다'라고 기재한 것을 후회하거나 원망하는 수준까지 이르는 표정과 이미지를 보여주기도 합니다.

만약 지원자가 영업 직무에 지원한 경우, 술 잘 마시는 거래처와의 의무적인 또는 불가피한 회식 자리에서의 처신에 대해서 기독교 신앙은 당연히 포기할 수 있고, 타협할 수 있는 사항으로 전락하고 맙니다. 한 술 더 떠서 크리스천으로서 자신의 신앙에 대해 철저히 '내면적인 성찰'Insight이 보이지 않는 경우도 발견하는 때가 있습니다. 입사할 회사 특유의 기업문화에 적응하기 위해 비기독교적 신앙인들과의 다양한 친분관계가 자신의 신앙 지조 Integrity 보다 우위인 때로 스스로를 규정하는 답변도 쉽게 들을 수 있습니다.

"취업하려면 어쩔 수 없지 않냐?"라고 항변할 수도 있습니다만, 실은 그 모습을 통해 자신이 그동안 가지고 있던 신앙관과 세계를 바라보는 세계관이 많이 왜곡되고 변절되어 있는 것을 면접장에서조차 느낄 수 있습니다.

30점에 해당된다면 당연히 지원한 직무에 있어서도 자신이 가지고 있는 인성과 적성Personality & Aptitude, 직무를 잘할 수 있는 전문성Job Professional 그리고 무엇보다 중요한 조직에 부합하는 차별적인 적응능력Organization Fit 이 잘 나타나지 않기 마련입니다. 그렇게 말할 수 있는 근거는 지원자가 가지고 있는 신앙에 대한 소신이 직업을 선택하는 과정에서 회사의 채용 기준을 충분히 이해하고 거기에 자신이 부합되는지 아니면 자신의 인생관과 맞지 않는지 충분히 고려할 준비가 되지 않았기 때문입니다.

신기하게도 신앙에 있어 자신의 수준Level과 위치Postion, 그리고 철저히 분석적인 장단점Strengths and Weakness을 파악하고 있다면 신앙관과 인생관을 침해하는 또 다른 도전과 시험에 대해 철저히 분별하고 대응할 것입니다. 그렇게 하는 지원자들은 실제 입사 후 자신의 업무에 주어진 목표와 방향에 부합되는 결과와 성과를 내어놓습니다.

주일성수 의무에 대해 크리스천적인 책임을 부담스러워 한다면 그 부담은 반드시 면접 상황에서의 주일성수에 대한 질문에 대해서도 큰 부담으로 다가올 수 있습니다. 만약 주일성수를 인생의 철두철미의 최고 가치Prime Principle 로 삼는 지원자가 있다면, 주일성수에 대한 질문은 자신의 가치관과 삶의 방식으로 자연스럽게 말할 것입니다. 그리고 확신에 차서 자신의 신앙관을 피력할 수 있는 근거와 사례를 주장할 것입니다. 그것이 바로 채용 면접관이 기대하는 조직에 대한 신실한 믿음의 핵심 인재의 자세라 할 수 있습니다. 왜냐하면 핵심 인재는 조직에서의 충성도가 가장 높은 인력 지원으로 자리매김할 것을 예상하고 선발, 육성되는 사람들이기 때문입니다.

60점대 취업 준비 지원자의 유형

60점대라면 학교에서 낙제를 면할 수 있는 최소한의 점수라 할 수 있습니다. 실제로 59점부터 낙제라는 오명을 남기는 실력으로 인정받기 때문에 60점이라는 안정적인 점수를 받기 위해 무던히도 애를 쓰며 공부한 기억도 많이 날 것입니다. 그런데 이 점수를 면접 장소에서 받는다고 생각하면 당연히 낙제를 면하는 점수로 인정받을 수 있을까요?

물론 56점이든 60점이든 학교의 낙제 점수에 근접하는 불합격의 점수라 할 수 있습니다. 그런데 이 점수에는 약간의 희망이 담겨 있습니다. 그 이유는 30점보다는 두 배에 가까운 우수한 실력을 절대적인 수치 면에서 보여주고 있기 때문입니다. 그래서 그 절대적 차이로 인해 90점으로 갈 수 있고 또 100점으로도 상승할 수 있는 가능성이 보이는 희망적인 점수라 할 수 있습니다.

대개 크리스천 지원자 중에서 어떤 유형의 지원자들이 이와 같은 특성을 가지고 있을까요?

30점대의 지원자는 취업과 신앙을 별개의 관점으로 보고 오로지 취업 준비에 열중합니다. 그래서 주일에도 여느 때와 같이 학교 도서관이나 동네 공부방에서 열심히 면접 족보와 시사상식을 외우는 사람들이라 할 수 있습니다. 그런데 60점대의 지원자들은 사뭇 다른 양상을 보이고 있습니다. 그것은 30점과는 다르게 '오로지 신앙파'라 불리는 사람들로, 그 사람들이 외치는 구호는 기도만이 살길이며, 기도로 면접을 통과할 수 있고, 기도로 좋은 직장에 취업할 수 있으며, 오로지 기도만 열심히 하면 안정된 직장과 대인관계가 이루어지는 것으로 생각하는 사람들입니다. 그래서 따로 지원하는 회사에 대한 분석과 자신의 적성, 그리고 지원자로서 갖추어야 할 기본적이고 전문적인 분야의 역량에 대해 그다지 관심 갖지 않는 사람들입니다.

인재를 채용하고자 하는 채용 면접관 입장에서는 60점대 지원자들의 '신앙'이라는 관점은 어찌 보면 신념에 차 있는 열정으로 해석하기도 하지만 또 어찌 보면 '무대포 정신'이라 불리는 사람들로 해석할 수 있습니다.

대체로 기독교 신앙에 대한 철두철미한 사고방식으로 입사지원서의 모든 항목에는 교회 생활, 성가대 생활, 청년부 봉사활동, 주일학교 교사, 해외 아웃리치, 선교 사역, 장애인 봉사 사역 등 교회활동으로 가득 차 있습니다. 혹시 기독교 선교단체에서 채용을 한다면 좋은 자원으로 인정되어 선발할 수 있을지 몰라도 일반 기업에서 채용하는 데에는 필요한 회사의 직무와 조직의 요건에는 그다지 적합하지 않는 모습이라 할 수 있습니다.

기업은 교회와는 다른 목적으로 출발한, 태생이 다른 조직입니다. 그래서 그 사실을 기억해서 입사지원서의 모든 질문 항목에서 지혜롭게 기업이 요구하는 ①직무 특성 ②기업 환경, ③고객과 소비자의 동향, ④기업의 미래 성장 방향 같은 것들에 귀 기울여야 합니다. 이런 60점대의 입사 결격 지원자들을 선별적으로 가려내기 위해 입사지원서를 유심히 바라보는 크리스천 채용 면접관들은 교회에서의 다양한 활동 이외에 교회 밖의 활동 경험들을 물어보는 배려도 잊지 않습니다. 많이 이해해주기도 한다는 뜻으로 받아들일 수 있지만 결과적으로 좋은 결과를 얻는 경우가 드문 것이 안타깝기도 합니다.

예를 들어 힘들게 아르바이트를 해본 경험이 있는지, 또는 해외 어학연수를 통해 외국어 외에 또 뭘 배울 수 있었는지, 그리고 교회 이외의 학교 동아리 활동을 했는지, 또는 경진대회 및 해외 기업 참여 활동 등을 통해 교회와 같은 신앙 조직의 다른 이윤 추구 조직에서의 활동을 물어보고 그 연관성을 끄집어내어야 합니다. 그래도 60점대의 지원자는 신앙이 자신의 가장 중요한 가치관의 일부로서, 신앙에 살고 신앙에 죽는 신념을 계속 강조합니다. 이럴 때 채용 면접관이 묻는 질문이 있습니다.

우리 회사는 종교적인 특히 기독교적인 색채를 강하게 가진 지원자는 조직 적응에 문제가 많기 때문에 채용하지 않을 예정입니다. 그리고 보통 일요일에 근무하는 지방 공장이나 다른 영업소에 배치하게 되면 퇴사할 것이 뻔하기 때문에 회사에 필요한 지원자 요건에 잘 맞지 않은 것 같습니다. 본인의 생각은 어떠합니까?

이런 질문은 교회 중심의 인생을 살아온 지원자로서는 턱 막히는 질문이 되기 쉽습니다. 60점대의 지원자는 신앙생활이 주일성수에 의해 판가름 되고 인정받기 때문에 회사의 일요일 출근 원칙에 주저 없이 포기해 버리는 결과를 보일 것입니다.

이런 경우 120점대의 지원자는 신앙과 회사 출근을 충돌시키지 않는 지혜를 발휘합니다. 오히려 지원자의 신앙 스타일에 대한 답변은 보다 지혜롭게 본인의 인생관을 내비치며 직장생활과 회사 환경에 공유된 가치Shared Value의 방향으로 답변을 하는 것이 지혜로운 대처 방식입니다.

즉 회사 출근의 중요성과 규정 준수한다고 말하면 됩니다. 주일성수 때문에 회사 못 나온다고 한다면 새로운 조직 친화적인 모습으로 면접관을 감동시킬 수 있는 기회를 놓치는 경우라고 판단되는 때가 많습니다. 60점의 한계라고 할 수 있습니다.

90점대 취업 준비 지원자의 유형

취업과 신앙을 균형 잡힌 시각으로 봐서 남들이 취업 준비할 때 같이 취업 준비하고, 남들이 여유를 부릴 때 도서관 찾아 공부하고, 신앙생활은 특별히 시간 나면 열심히 참여한다!

90점대의 면접 준비 수준은 일반적으로 우수한 실력의 지원자로 인정받습니다. 100점 만점이라는 사회적 기준에서 90점이라는 점수는 10점이 모자라는 최고의 점수로서 의미를 가집니다. 그것은 지원자 나름대로 열심히 준비하고 자신을 연마한 취업 준비의 성실함이 엿보이는 지원자라 말할 수 있습니다. 면접을 교육하는 취업 특강 자리에서도 자신의 이력서를 준비하고 참가했거나, 영어로 된 자기소개서나 지원 동기 서류를 지참하고 참가한 지원자가 있을 경우, 이런 지원자를 90점 정도의 준비 상태와 성실성을 볼 수 있는 척도로 삼고 있습니다. 그런데 문제는 취업 준비의 경쟁력이 90점대에서 만족스러운 지원자라 하더라도 상대적으로 더 우수한 지원자가 많다는 사실이 90점 수준에 있는 지원자를 긴장시키게도 합니다. 단약 90점이 합격 안정권이라 생각하고 안주하는 마음으로 다른 취업 경쟁력을 준비하지 않고 방만한 태도로 잠자코 있는다면 아주 위험한 발상이고 리스크에 처하게 될 수도 있다는 점을 기억해야 합니다. 왜냐하면 요즘의 취업 준비생들은 100점을 상회하는 110, 더 높게는 만점 수준인 120의 점수대에 있는 경우도 허다하기 때문입니다.

기독교 신앙을 가지고 열심히 신앙생활하는 지원자의 모습에서도 90점에 이르는 지원자가 있습니다. 물론 취업 준비 상태가 우수하긴 하지만 탁월함에 이르렀다고 하기에는 약간 모자란 실력의 지원자들이 있습니다. 취업과 신앙의 균형을 가지고 열정적으로 신앙생활도 하면서 취업 준비에 열심인 지원자의 모습을 볼 수 있습니다. 특별히 다른 지원자가 놀 때, 열심히 공부하며 신앙의 참 모습을 멋지게 보이기도 합니다. 그런데 문제는 요즈음의 기업들이나 조직에서는 그들이 원하는 경쟁력을 가지고 스스로 자기발전적인 경쟁력을 키우지 못한 경우가 여러 차례 발견되어 아쉬움을 느낍니다.

열심히 공부하고 성실히 신앙생활하는 것으로 구직이라고 하는 목표 지점까지 갈 수 있다고 판단하는 경우가 90점대 지원자의 일반적인 경우입니다. 그렇지만 신앙을 가지고 있지 않는 비크리스천적인 지원자의 취업 경쟁력이 믿는 사람들보다 뛰어난 경우가 다양한 면에서 나타나기도 합니다.

특별히 대인관계에 있어 비크리스천 지원자들은, 다양한 양상의 조직과 사회 경험을 통해 편견 없이 폭 넓은 지원자라는 인상을 가지는 경우가 많습니다. 반대로 '기독교'라고 종교 항목에 자신의 신앙을 자랑스럽게 기재한 지원자의 경우는 다소 편협해 보이는 대인관계를 통해 배타적인 신앙관을 바탕으로 제한적인 대인관계 기술을 가졌을 것이라고 판단해버리는 경향이 있기도 합니다.

실제 90점대의 크리스천 지원자는 자신의 대인관계 스타일과 고객 응대의 경험, 어려운 대인관계 상황에서 자신의 독특한 해결 방안 등을 회사나 기업이 요구하는 수준으로 업그레이드하여 어필하지 못하는 경우도 많습니다. 오로지 교회 안에서의 문제 경험이나 신앙 동아리와 같은 특성의 조직에서의 비영리 활동, 돈을 벌고 비용을 관리해야 하는 사회경제적 환경에서의 경험 같은 것들에서 다소 실전 사례가 없는 것이 사실입니다. 그래서 빈약한 경험으로 인해 취업 준비 100점 수준에서 10점이 모자란 지원자라는 평가를 받게 되는지도 모르겠습니다. 그렇다고 대학 3, 4학년 때 서둘러 급조해서 사회나 회사의 거친 환경에 처해도 보고 경험을 만들어낼 수 있는 경우도 드물 것 같습니다. 그렇기 때문에 오로지 교회나 신앙 동아리와 같은 특성에서의 경험만으로 어필하는 것에 다소 많은 보완이 필요합니다. 90점대 지원자 수준에 있는 크리스천 지원자의 최대 약점이라 할 수 있는 부분이 조직에의 부합성과 고객, 시장, 마케팅, 소비자 전략과 같은 개념일 것입니다.

예를 들어 영업이라는 과정을 통해 이익 또는 이윤을 만들어내야 하는 조직에서의 고객관리 경험이나 다양한 조직 문제해결 사례, 그리고 실제 사회에서 벌어질 수 있을 만한 상황을 충분히 인지하고 있어야 합니다. 그럼으로써 크리스천 지원자로서 갖추어야 할 '조직 인간'으로서의 탁월한 모습을 기존의 90점에 더하여야 합니다. 잘만 준비하면 자신의 장점을 최대한 어필하고 90점이라는 안타까운 합격 미달점을 탈피할 수 있는 해결책을 드디어 발견하게 됩니다.

가까운 해결책을 제시해본다면 이런 방법들이 사용될 수 있습니다. 크리스천이라는 특성을 사람들이 이해할 때 쓰디쓴 사회의 일면을 모르는 동떨어진 성격의 조직이 '아니라는' 점을 어필할 필요가 있겠지요.

만약 채용 면접관이 "리더로서 활동해본 적이 있나요? 어떤 어려움이 제일 컸는지 말해보세요"라고 질문한다면 어떻게 효과적으로 답변을 제시하는 게 좋을까요?

초급 답변

교회에서 총무 일을 했습니다. 여름 수련회 때가 제일 힘들었습니다.

중급 답변

제가 소속되어 리더로 활동하고 있는 대학·청년부에서는 회사 같은 데서 경험해볼 수 있는 다양한 사람들과의 조직 문제, 예를 들면 목표를 세우고 좋은 신앙적 결실을 내기 위한 성과관리와 같은 유사한 과정을 거쳤습니다.

고급 답변

예를 들면 ①문제시 되는 조직 이슈 같은 것을 해결한다든지, ②멤버들 사이의 갈등과 문제에 대한 심도 있는 분석을 한다든지 ③신앙적이든, 비신앙적이든 조직이 원하는 바람직한 모습으로 해결해가는 것과 같은 것들을 해내었습니다. 즉, ④목표관리나 성과관리, ⑤조직원 관리 같은 것들이 대표적인 어려움을 해결한 사례를 말씀드릴 수 있습니다.

즉, 위 답변의 핵심은 교회에서 벌어지고 있는 일을 밝히는 과정에서도 굳이 채용 면접관이 이해하지 못하는 신앙적 '상황 언어'ituational Language를 쓰는 것을 유보하는 편이 현명하다 할 수 있습니다. 그 대신 그 상황이 무엇을 말하고자 하는지에 대하여 일상 기업 조직에서 벌어지고 있는 현상으로 각색하여 전달하면 훨씬 효과적이라 할 수 있습니다. 즉 사회적 '조직 언어' Organizational Language를 써서 개괄적인 헤드라인을 만들어 승부를 걸라는 뜻입니다. 교회에서 총무를 하든, 교사를 하든, 성가대를 하든 그 활동 상황 안에 담겨 있는 조직(교회, 신앙단체, 선교단체 등)의 본질을 드러내면 됩니다. 신앙적이기 때문에 경험 없다라든지, 반대로 세상적이기 때문에 전문적으로 보인다는 방식의 비기독교적인 이분법적인 논리를 이길 수 있기 위해서는 90점에서 120점으로 넘어가는 노력을 해야 합니다.

120점대 취업 준비 지원자의 유형

- 신앙생활 위한 하나님과의 교제, 삶의 묵상, 목표 중심의 삶(Purpose driven Life)
- VIP : 새로운 직장생활이 가져다줄 비전(Vision), 성찰(Insight), 내면의 철학
   (Philosophy)
- 3C : 인성(Character), 업무 전문성(Competency), 남다른 경쟁력(Competitiveness)

120점대의 취업 준비 수준은 여러 가지로 지원자의 능력과 역량 그리고 인성과 차별화가 느껴지는 지원자라 할 수 있습니다. 이런 지원자는 채용 면접관이 면접 질문을 하기도 전에 회사 로비 분위기와 면접장의 분위기를 통해 그 회사의 기업문화나 직장의 분위기를 어느 정도 느낄 수 있는 수준이라 말을 하기도 합니다.

채용 면접관이 질문하는 내용들이 구체적으로 무엇이든지 간에 세 가지 정도의 카테고리로 나누어진다고 이미 판단이 서 있는 지원자라 할 수 있습니다. 그 첫째로 이 최고 수준의 지원자는 채용 면접관의 인성과 적성을 묻는 질문에 예전에 제출한 입사지원서의 내용을 한눈에 기억해냅니다. 그러고는 일관성과 차별성이 있는 답변으로 답변의 탁월성을 토여줍니다.

둘째로 직무의 전문성에 대한 질문들이 나올 때던 '열심히만 하는 모습'만이 아닌 '잘한 모습'과 '탁월한 모습'을 더불어 보여줌으로써 90점 또는 100점짜리 지원자가 보여주지 못하는 우수한 모습을 토여줍니다.

마지막 셋째로 중요한 질문의 요소가 있다면 바로 남들이 가지고 있지 않은 차별적인 능력을 보여주는 것입니다. 남들과 똑같은 지원자로서의 진부함은 면접실의 긴장을 더 담담하게 만들지만, 지원자가 보여주는 신선함과 남

다른 역량의 모습은 지원자뿐만 아니라 면접을 하고 있는 채용 면접관에게도 에너지가 되고 큰 힘이 됩니다.

이 세 가지를 요약하여 '3C'라 채용 면접관들은 칭합니다.

첫 번째 'C'를 'Character'라 부르며, 말 그대로 지원자의 개성과 인·적성, 인간성, 품성, 기본적인 자질과 같은 것을 가리킵니다.

120점에 해당되는 크리스천 지원자는 일단 신앙인으로서 가지고 있는 본연의 순수함과 정직성, 열정과 진지성, 구직자에게 필요한 사회 적응에 대한 열심, 회사 환경에 대한 자연스러운 긴장감과 자신감이 풍길 수 있도록 설득

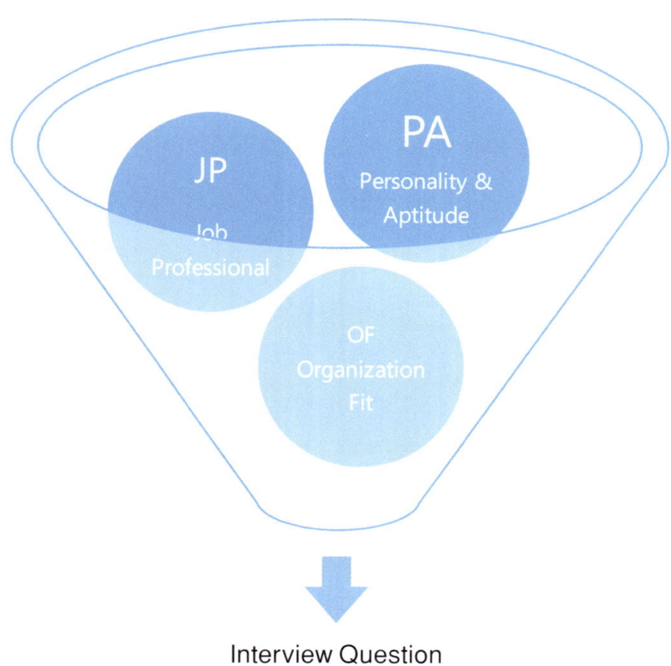

력 있게 어필합니다.

군이 신앙으로서 그 합격자 판단의 판가름을 결정하기 어렵다고 할 수도 있습니다. 그럴 경우 신앙을 가지지 않은 지원자가 흔히 보여주는 대학 또는 청년 시절의 사회 진출을 위한 일반적인 스펙과 같은 다소 진부한 모습을 탈피하여 삶의 진지성과 영적Mentality인 성숙으로 정서적으로 성장 Maturity한 면들을 더욱 보여주어 채용 면접관의 신뢰를 독차지해야 합니다.

두 번째 'C'를 'Competency'의 'C'로 적용하여 분석 평가한다는 사실을 아는 사람은 전체 지원자를 통틀어 많지 않습니다.

업무를 할 때 필요한 것이 처음에 나온 'Character', 즉 인성만이 업무능력을 증명하지 않습니다. 인간성은 참 좋은데, 업무능력이 제대로 갖추어지지 않은 지원자의 불합격 사례도 많습니다. 이렇게 업무에 필요한 전문성과 전공 지식, 신뢰성을 확보하기 위한 자격증, 그리고 다양한 업무를 해본 기술이나 경험, 실무 테크닉 또한 멋진 역량Competency의 요건이 됩니다. 지식과 기술, 그리고 그 둘을 더 빛나게 할 수 있는 태도와 자세가 참으로 멋진 크리스천 지원자로서의 모습을 제대로 갖추었다고 할 수 있습니다. 합격이 주어지기에 전혀 아깝지 않습니다.

세 번째 'C'는 'Competitive'의 'C'를 가리키며 '남다른 경쟁력'이라는 말로 해석합니다.

말 그대로 나에게만 있다고 자부하는 일명 '똑소리 나는' 지원자만의 비장의 카드가 있다면 바로 이때 쓰는 단어입니다. 과연 크리스천이 아닌 지원자보다 차별화된 모습이 어떤 것이 있을까요? '착하다, 순수하다, 거룩하다, 소

망이 있다, 유신론자다, 절대자를 믿는다, 신앙심이 깊다' 이런 것들이 면접장
에서 유용하게 활약되는 것 같지는 않습니다. 오히려 이런 표현이 들어간 면
접 답변은 채용 면접관으로 하여금 다소 조직 적응 측면에서 문제가 있을 수
있지 않을까 생각되는 표현들일 수 있습니다. 회사에서 채용 면접관들이 인
재를 선발할 때 가장 유의하는 부분은 조직에 잘 적응하는가와 일을 잘할 수
있을까라는 점도 있지만 지원자가 가지고 있는 차별적이고 독특한 능력이 잘
발휘될 수 있을까에 대한 것입니다.

세상 지원자의 장점 vs. 크리스천의 지원자의 장점

요즘 조직에는 조직 창의성이라고 하는 다소 어려운 개념이 필요한데, 이
조직 창의성이라는 것은 바로 개인의 창의성과 밀접한 연관을 가지고 있습니
다. 이 개인의 창의성이 바로 독특한 특성에서 나오기 때문에 크리스천이라
는 것이 개인의 창의성을 드높일 수 있는 것이라고 한다면 당연히 자부심을
가지고 당당히 내세울 수 있어야 합니다. 이런 상황에서 크리스천으로서 마
땅히 가지고 있어야 할 차별성 또는 창의성이 회사 업무에 연관성이 높다라
면 두말할 나위 없이 뛰어난 지원자로서 합격의 영광을 누릴 수 있습니다. 그
런데 현실은 그렇지 못합니다. 크리스천으로서 어필할 수 있는 경쟁력과 차
별점이 별로 없기 때문에 인성과 적성 측면에서, 또는 전문적인 직무 역량적
인 측면에서 그리고 마지막 'C'인 차별화 측면에서 그다지 채용 기준을 넘지
못한다고 볼 수 있습니다.

크리스천들이 가질 수 있는 차별점은 요즘 지원자들이 내세우는 일반적인

차별점을 극복하는 우수한 것들이어야 합니다. 일반적인 차별점 또는 지원자로서의 장점이 무엇이냐는 질문에 다들 평범한 답변을 다음과 같이 합니다. 이런 장점들이면 더 설득력이 떨어진다는 사실을 모르는 것 같습니다.

사실 아래의 장점이 있다면 10가지 정도로 요약됩니다.

(1) 판에 박은 듯한 내용 (2) 천편일률적임 (3) 위선적으로 느껴짐 (4) 많이 부자연스러움 (5) 합격을 위한 변별력 없음 (6) 베낀 것일 가능성 많음 (7) 남의 것으로 판단됨 (8) 거짓말 가능성이 높음 (9) 미사여구를 과다 사용함 (10) 오버한 경향이 농후함.

이럼에도 불구하고 아직도 아래와 같은 장점들을 자기소개서에서 흔히 보게 됩니다.

1. 저는 적극성이 뛰어납니다.
2. 저는 성실성이 남다릅니다.
3. 저는 책임감이 강합니다.
4. 저는 창의성이 높습니다.
5. 저는 사교력이 좋습니다.
6. 저는 신뢰성이 있습니다.
7. 저는 인내력이 강합니다.
8. 저는 친화력이 남다릅니다.
9. 저는 추진력이 강합니다.
10. 저는 온화하고 차분합니다.
11. 저는 도전 정신이 강합니다.
12. 저는 승부 근성이 있습니다.

13. 저는 패기와 끈기가 강합니다.

14. 저는 섬세하고 꼼꼼합니다.

15. 저는 고객 만족 정신이 뛰어납니다.

이런 차별점 또는 장점들은 지원자들이 가지고 있는 특별한 우수성 또는 장점이라 생각되어 많이 애용되는 리스트라고 할 수 있습니다. 5년 전까지만 해도 이런 장점과 인성적 특징들이 채용 면접관들의 기업 필요성에 따라 우수하다고 생각하고 인정받기도 했지만, 요즘에는 이런 일반적인 장점들이 말 그대로 너무 '일반화'되어 호소력을 잃어버렸다고 할 수 있습니다.

그래서 이런 일반적인 성질의 장점들을 다음과 같이 구체적이고 직접적인 내용으로 바꾸고, 나름대로 전략을 수정한 크리스천 지원자들이 생겨나기 시작했습니다. 장점이 많으면 많을수록 면접에 대한 두려움이 사라짐을 알 수 있습니다. 면접이 두렵게 느껴지는 이유는 바로 자신이 채용 면접관 앞에서 자신 있게 내놓을 수 있는 장점다운 장점과 특징들이 없기 때문에 채용 면접관의 어떤 질문에 휘둘릴 수 있음을 우려하기 때문입니다.

요즈음 지원자가 갖추어야 할 장점 또는 경쟁력을 새롭게 정리해 보았습니다. 채용 면접관은 이런 종류의 인·적성적 경쟁력에 대해 긍정적이고 우호적인, 때에 따라서는 손뼉 치며 격려하는 입장이 됩니다.

1. 저는 사무 기획에 대한 많은 경험을 가지고 있습니다.

2. 저는 협상력에 대한 특별한 훈련과 성공 경험을 가지고 있습니다.

3. 저의 지도력은 남다른 장점 중 한 분야입니다.

4. 저는 남다른 분석력을 통해 사안을 넓게 보고 해결하는 관점을 길렀습니다.

5. 저는 계량적인 접근을 통해 문제를 쪼개어 보는 특성을 가지고 있습니다.

6. 저의 전략적인 훈련과 경험이 인턴 기간 중 도움이 되었습니다.

7. 저는 문제분석을 잘하는 것이 사회생활의 기본 자세라 생각합니다.

8. 저는 빠른 문제해결을 통해 성과를 잘 내는 방법을 어느 정도 알고 있습니다.

9. 저는 의사결정능력이 리더에게 필수적인 것을 이미 잘 알고 있습니다.

10. 저는 소통능력이 남달라 의견 충돌 조정을 잘한다는 말을 듣습니다.

11. 저는 탁월한 대인능력을 통해 명확한 방향을 잡아줍니다.

12. 저는 전공에 있어 우수한 학점과 프로젝트 수행 경력을 자부하고 싶습니다.

13. 저는 강의능력이 있어 남들에게 어려운 주제를 잘 전달하기도 합니다.

14. 저는 다방면 지식으로 초보적인 사람들과도 친숙하게 아이스 브레이킹을 잘
    할 수 있습니다.

15. 저는 시스템적인 사고방식에 대한 능력도 어느 정드 다져놓았다고 생각합니다.

이런 지원자들을 앞서 말한 90점대의 지원자가 따라올 수 없는 120점대의 경쟁력을 갖춘 핵심 인재 후보들이라 말할 수 있습니다. 이런 15가지 정도의 장점을 면접 장소의 문지방Threshold 위에 올려놓고 바로 이어서 자세한 사례나 구체적인 경험들로 답변을 이어 나가 보세요. 그렇게 되면 대개의 채용 면접관은 문지방에 당돌히 올라오다시피 느껴지는 지원자의 장점과 이어지는 설명, 사례에 대해 자연스럽게 평가의 잣대를 내리며 경청하게 될 것입니다.

그 사례나 설명이 교회에서 일어났던 또는 신앙 동아리에서 생겼든 또는 교회 내외의 봉사활동이든, 우리나라 내외의 자원봉사활동이든 상관없습니다. 채용 면접관이 원하는 결론부터 이미 그들의 평가 척도에 합격 표적을 남겼기 때문입니다. 이와 같이 '장점적 결론+실무적 사례'를 통해 신뢰할 수 있

는 믿음의 ◑지를 남기는 전략은 면접 과정에서 굉장히 논리적인 프로세스라 할 수 있습니다.

120점에 해당하는 탁월한 지원자들의 커뮤니케이션 기법은 이와 같이 구구절절 사례를 먼저 말하고 나중에 결론을 설명하는 방식이 아닌, 결론부터 제공하고 바로 실제 사례를 말하는 방식임을 기억해야 합니다. 중요한 것은 지원자가 가지고 있는 그 성과, 결과 또는 결실은 바로 '신실한 신앙'이라고 하는 것에서 뒷받침되고 있다는 점을 확실히 알려줄 필요가 있습니다. 그리

취업한 크리스천 지원자들의 3·2·3·2원칙

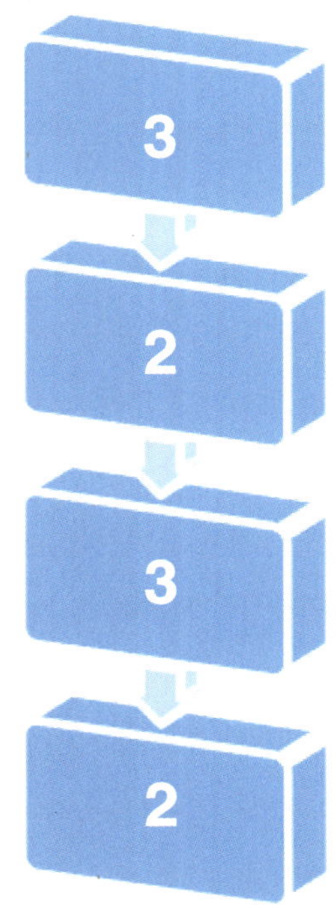

고 화려한 수사학적 기법이 아니더라도 지원한 회사가 요구하는 인재상에 부합되는 간결한 답변으로 합격을 보장받을 수 있다는 점을 기억하면 더 이상 걱정할 필요 없습니다.

이러한 어려운 압박 질문과 차가운 채용 면접관의 질문 공세를 마치고 영광의 합격통지를 받아 입사한 회사에서 과연 몇 명의 크리스천이 성공적으로 잘 생활하고 있을까요? 기독교 신앙을 가지고 있는 지원자와 믿지 않는 지원자들과의 경쟁일 수도 있습니다. 그렇지만 입사한 크리스천 신입사원들 중에서도 경험적으로 볼 때 다양한 입사 후의 양상이 나타나는 것을 발견할 수 있습니다. 과연 10명 정도 크리스천 신입사원이 입사한다면 몇 명 정도가 성공적으로 회사에 적응하고 크리스천적인 인생을 잘 살아간다고 할 수 있을까요? 물론 겉으로 보이는 모습으로 그 성공 여부를 판단하기는 어렵겠지만 그래도 통계적 가치를 인정하는 범위에서 생각해보면 의미 있을 것으로 생각됩니다. 과연 크리스천 지원자들이 안 믿는 지원자들보다 잘 생활하고 우수한 성과를 잘 내고 있는 걸까요? 과연 몇 명의 크리스천 청년이 입사 후 1~2년 내에 다른 생각과 마음을 먹게 될까요?

- 3명은 조직 적응을 잘 못해서 1~2년 내 퇴사합니다.
- 지원자 가족들을 특별히 안타깝게 하는 인재들입니다.

회사에 입사하는 과정이 어려우면 어려울수록 더 애착을 가지고 회사생활을 하는 것이 당연한 모습일 것입니다. 더군다나 어려운 취업 난관을 뚫고 구한 직장이기 때문에 더더욱 값진 인생의 경험과 가치로서 감사하고 향유해야 할 직장생활일 것입니다. 그런데 현실은 그렇게 쉽게 크리스천 청년들을 애정 어린 눈빛으로 보고 이해해주고 감싸 주지만은 않습니다.

10명 정도의 신입사원 중 1년 또는 2년 내에 3명 정도가 그만두는 놀라운 일이 벌어집니다. 그렇게까지 많이 그만두지 않을 것이라고 생각할 수도 있지만 다양한 신문 매체나 특히 취업 동향을 분석 조사하는 인터넷 취업포털 사이트에는 매년 이 자료를 조사하여 발표합니다. 많은 기업의 채용 면접관들에게 실망을 안겨주기도 합니다. 물론 일반적인 기업 환경에서 30% 정도나 되는 조기 퇴사율은 일종의 기업의 문제로서 뿐만 아니라 사회적인 문제로도 대두될 법도 합니다. 특히 크리스천 가운데서도 새로운 기업 환경에 잘 적응하지 못하고 어렵게 구한 회사나 직장을 그만두는 것은 참으로 안타까운 일이라 할 수 있습니다.

문제는 "왜 그만두느냐?"입니다. 여러 가지 이유가 있을 법합니다. 예를 들어 직장에 들어가서 보니 일이 마음에 들지 않아서 그만둘 수도 있고, 같이 지내는 사람들이 문제일 수도 있고, 월급이 너무 '기대 이하'여서 그럴 수도 있습니다. 그런데 근본적인 문제는 다른 데 있습니다.

채용 면접관의 입장에서 보면 3가지로 분석되는데, 첫째는 'Character'의 문제라고 할 수 있습니다. 즉 회사에 입사한 신입사원으로서 가진 인성Personality과 적성Aptitude이 그다지 본인의 마음에 부합되지 않기 때문입니다. 지금까지 살아온 인생의 가치관과 삶의 방식과는 다른 문화라서 그런지 인·적성적으로 잘 적응하지 못하는 경우이고, 더 큰 문제는 그 인성과 적성의 문제를 넘어서 존재하는 아주 근본 문제에 있습니다. 크리스천으로서가 아닌 기본적인 사회인, 또는 직장인으로서 당연히 갖추어야 하는 회사나 조직의 필요 역량을 갖추지 못하여 생기는 문제입니다.

예를 들어 업무적인, 또는 인간적인 갈등에 의한 '역량'Competency 부족의 문제라 할 수 있습니다. 회사가 원하는 성과에 대해 자신 없고 무기력해지는 상황에 직면하면서 입사 후 6개월 정도는 '양해기간'Grace Period 차원에서 그럭저럭 잘 견디지만 그 6개월 이후에는 점점 회사가 원하는 성과를 내지 못하는 부담감으로 자포자기의 삶을 보입니다. 대인관계에서도 문제가 나타나고 업무의 전문성이나 태도에서도 크리스천 청년으로서, 정말 보이지 말아야 할 포기와 우왕좌왕한 모습을 채용 면접관이 많이 발견할 수 있는 것이 기업의 현실입니다.

또는 비크리스천과는 다른 모습으로 잘 살아왔던 입사 전의 모습이 입사 후 동화Assimilation 되어 가면서 신앙의 지조가 점점 흐려지고 그것으로 인해 삶의 신실함이나 거룩한 모습이 일상적인 바쁜 현대인으로 이리저리 휘둘리다 직장을 그만두는 모습을 흔하지 않게 목격할 수 있습니다. 이런 모습들이 10명 중 3명에게 나타나는 이유는 무엇일까요? 신앙생활의 부담일까요? 아니면 크리스천들이 적응할 수 없는 업무 환경과 믿지 않는 주위의 왕따, 따돌림, 부적응, 반기독교 동료 때문일까요? 약하디 약한 직장생활 초년차 크리스천의 한 단면이라 생각됩니다.

- 2명은 유학이나 대학원 생각하다 1~2년 내 퇴사 결심합니다.
- 채용 면접관의 마음을 특별히 안타깝게 하는 인재들입니다.

이젠 세 명이 떠나고 일곱 명의 크리스천 청년이 남았습니다. 이 일곱 명의 신입사원 중 두 사람 정도는 조직이나 회사에서 잘 생활하는 듯하게 보입니다만 그 속을 들여다보면 약간 다른 모습이 보여 걱정이 되는 상황이 발생합니다.

대학 3, 4학년 때 취업 준비로 바쁘다가 입사를 하게 됩니다. 입사한 후로 고민이 시작됩니다. 진짜 자신이 잘 선택한 것인가에 대한 '검증이나 반추'해 볼 시간도 없이 지내면서 나름대로 자신이 하고 싶었던 신학 공부를 했어야 하는가? 아니면 유학을 가야만 했는가? 라는 생각으로 회사를 별 의미 없이 다니는 경우가 생깁니다. 10명 중 2명이 이런 모습을 보이면서 고민합니다.

이들의 주요 기도 제목은 '하나님 저에게 길을 보여주십시오! 주여 제가 있을 곳을 알려주십시오. 과연 이러한 곳에서 주의 일을 할 수 있을까요'입니다. 직장의 삶보다는 선교지에서, 신학교 또는 해외의 고등교육기관에서 또는 해외 교회 사역지에서 열심히 뛰는 자신의 모습을 계속 그려가면서 사직서를 마음속에 이미 써놓은 채 제출할 만한 기회를 기다리고 있는 크리스천들이 많습니다. 가슴 아픈 현실입니다.

직장에도 잘 적응하지 못하고, 조직이라는 환경에 대해 잘 이해하지 못하고, 방황하고 자신의 꿈에 대해 여러 가지로 혼재된 1, 2년을 보내다 그만두는 믿음의 젊은이들이 있습니다.

문제는 이런 부류의 신입사원들이 보여주는 업무적 성과의 모습입니다. 당연히 업무에 대한 애착도 없고, 자신의 경력과 삶에 대한 계획에 대해 좌충우돌하는 경향을 보입니다. 상사로부터 업무가 주어지면 마땅히 해야 하는 적극적이고 주도적인 업무 태도나 기법들이 보여지지 않는 경우입니다. 믿지 않는 상사라고 한다면 "기독교 신자가 왜 그 모양이야?"라고 안타까워할 것입니다. 선교사나 전문 사역자로서 자신이 온전히 드려지지 못함에 대해 온통 아쉬움과 안타까움으로 직장생활에 임한다면, 당연히 그 직장을 떠나 하나님께서 부여한 사역지로 가든지 아니면 진정으로 마음을 고쳐먹고 새롭게

명한 선교의 사명을 직장에서 직장 선교사로서 새롭게 시작하든지 해야 할 것입니다.

회사나 조직이 원하는 성과나 업무 결과를 제대로 내주는 것이 크리스천 신자로서 응당히 보여주어야 할 모습이라는 것을 인정한다면, 중요한 시기가 바로 입사 후의 모습일 것입니다. 업무가 어려워서, 대인관계가 두려워서, 남다른 경쟁력이 없어 회사생활을 통해 고민하고 좌절하는 모습을 입사하기 전에는 알 수 없습니다. 그런 상황에 대해 스스로 겸비하여 기도하고 하나님과 교제하는 과정을 통해 영적인 성장을 가져올 수 있습니다.

- 3명은 평범하게 시키는 일만 '열심히' 하는 평범한 사원입니다.
- 채용 면접관들도 안타까워하는 마당쇠라 불립니다.

이젠 다섯 명이 남았군요. 이 다섯 명의 크리스천은 그래도 청운의 꿈을 안고 입사한 회사에서 열심히 최선을 대해 죽을 각오로 근무하는 사람을 말합니다. 우수한 직장인임을 부인할 수는 없습니다. 그런데 문제는 성과가 나오도록 해야 하는 기업이나 조직 특유의 상황에 '열심'히 근무하는 자세만으로는 해결할 수 없는 성과 문제Performance issue들이 발생합니다. 여기서 '성과 문제'란 기업에서 쓰는 말인데, 기업의 생존 목적과도 결부되어 있어 중요한 개념 중의 하나입니다. 맡은바 업무를 제대로 잘하여 탁월한 결과를 가져오는 것과는 반대로 시간과 자원의 제한 속에서 맡겨진 과제나 문제를 해결해내지 못하는 사람들입니다. 즉 '성과'라는 것은 회사에서 원하는 특별한 결과를 말하는데, 예를 들면 돈을 많이 벌어 매출과 이익을 크게 올리는 것이라든가, 고객을 위한 서비스를 최고의 수준으로 올려 기업 만족도를 최고로 하는 경우라든가, 시장점유율을 최대로 늘린다든가, 경쟁사보다 좋은 상품과 서비스를 제공한다든가의 성과를 내는 것 등이 될 것입니다.

이런 과제를 통해서 볼 때 크리스천으로서의 특징이라고 한다면 성실하게 열심히 근무하는 것을 최상의 가치로 삼는 것이 문제입니다. 그 과정을 통해 당연히 좋은 결과를 얻을 것으로 생각하여 '성실, 적극, 최선, 죽을 각오'라는 개념으로 접근해서는 경영자가 원하는 결과의 90%밖에 얻지 못합니다. 그래서 어려운 취업의 관문을 뚫고 입사한 회사나 조직에서 그저 열심히 일하는 것으로 회사 성과의 최선의 결과를 내었다고 생각할 뿐입니다.

그래서 'Bottom Line'이라 불리는 궁극적인 결과에 대해서는 책임지려고 하지 않습니다. 고객을 만나는 것도, 신제품을 디자인 하는 것도, 회사를 청결히 하는 것도, 회사의 경쟁력을 키우는 것도 모두 그 결과를 위해 일하는 것임을 아는 크리스천들이 필요합니다. 사회가 점점 성과주의 문화로 흘러감에 따라 일한 결과와 결실을 내놓으라고 말합니다. 당연히 그 질문에는 충성된 종과 같이 열 달란트, 여섯 달란트를 보여주어야 합니다. 덩그러니 한 달란트 내놓고 주인이 두려워 땅에 파묻었다고 말하는 하인과 같은 신입사원들이 바로 3232의 세 번째 숫자인 3에 속하는 크리스천 지원자라는 것입니다.

어떤 보고서를 만들라고 지시를 받은 두 명의 신입사원 중 한 신입사원은 여러 장의 보고서를 만들기는 했지만 상사가 원하는 결과가 아닌 탓에 10번 정도의 제출과 수정의 과정을 거쳐 최종 10장의 보고서를 제출했다고 합시다. 그런데 또 다른 신입사원은 2번 정도의 단계로 5장의 보고서를 더욱 잘 만들어 왔을 때 어떤 결과물의 신입사원이 더욱 우수한 신입사원일까 생각해볼 필요가 있습니다.

당연히 기업과 조직에서는 10번의 수정, 재수정의 과정을 거쳐 10장의 보고서를 써온 신입사원보다 2번의 수정을 거쳐 5장의 결과를 가져온 신입사원을 더욱 높게 평가할 것입니다.

그 이유는 간단합니다. 10번 정도의 수정과 재수정의 반복 작업을 했다는 의미는 아직도 10번까지 그 보고서 작업을 하는 동안 상사 지시의 궁극적인 결과와 최종 성과를 잘 모르고 한 결과라 할 수 있습니다. 열심히 했다고도 할 수 있지만 10번의 횟수라고 하다면 불만족스러운 10번의 수정과 10장의 보고서가 보여주는 '열심히 한 양'보다는 2번의 수정과 5장의 보고서가 '더 잘한' 보고서라고 평가받을 수 있다는 것입니다. 이것이 바로 'Work Hard'와 'Work Smart'의 차이라 할 수 있습니다.

경영자의 마인드 또는 회사 설립자의 마인드를 가진 크리스천 지원자라면, 달란트의 양에 좌우되지 않고 그 결과로 주인을 기쁘게 하고자 하는 마음으로 구직 활동을 하고 중요한 면접 과정에 임해야 합니다. 그래서 3뺑 답변인 "열심히 하겠습니다, 최선을 다하겠습니다, 죽을 각오로 하겠습니다"라는 표현은 이제부터 안 쓰는 방향으로 궤도 수정을 하는 것이 좋습니다. 당연히 3명의 '열심당(熱心黨)' 지원자 부류에서 한층 업그레이드되어야 할 것입니다. 그래서 비크리스천과 업무 성과나 결실을 서로 견주는 자리가 있다면 당연히 '잘한' 결과의 대열에 서도록 그 지혜와 성찰이 있어야 좋을 것이라는 바람을 가져봅니다. 그래서 채용 면접에서도 조기 퇴사가 우려되는 3, 2명의 다섯 지원자를 우선 골라내고, 나머지 3, 2명의 다섯 지원자 중에서 성과 중심의 최후 '두 명'을 고르기 위해 채용 면접관들은 안간힘을 쓰는 것입니다.

- 2명은 경영진의 마인드를 가진 주인과 같은 마음의 직원들입니다.
- 채용 면접관들이 가장 아끼는 핵심 인재라 불립니다.

만약, 조직에 꼭 필요한 일 잘하는 2명의 신입사원만 뽑는다면 어떤 문제가 생길 것이라고 이의를 제기한다면 그것도 바른 문제 의식을 가진 사람입니다. 그런 조직에서의 채용 철학이나 인재 선별 기준에 대한 문제들을 해결하는 과정에서 성과가 좋건 나쁘건 간에 '열심히' 일하는 사람들도 필요한 것이 사실입니다. 그러나 더 필요한 사람은, 열심히 일하는 사람을 잘 이끌어 좋은 결과를 내게 할 수 있는 성과 중심의 일 '잘하는' 사람들이 필요하다는 점을 채용 면접관들은 절대 양보하지 않습니다. 기업의 경쟁력은 바로 '일 잘하는 두 명의 신입사원'으로부터 나오기 때문입니다.

성과에 관계없이 시키는 일만 열심히 하는 사람을 하인 같다고 해서 '마당쇠'Slave라고 부르고, 성과를 염두에 두고 상황을 따지면서 결과 중심으로 일을 잘해보고자 하는 사람을 집주인과 같다고 해서 '주인'Master이라 부릅니다. 그래서 인사관리를 하는 사람들이나 경영진들이 직원들의 일하는 성격을 보고 그 직원들의 정신 상태 유형을 마음속으로 구분할 때 간간히 '마당쇠 정신'과 '주인 정신'을 가지고 있는 직원들로 나눕니다. 이 남은 다섯 명의 크리스천 신입사원 중에서도 3명 정도는 마당쇠 정신에 흠뻑 충실하여 '열심히'만 일하는 크리스천 직원이 있고, 나머지 두 명은 주인과 같은 마음으로 고용주처럼 일하는 크리스천 직원이 있기에 크리스천 채용 면접관으로는 다소 안타까움으로 이 세 명의 일하는 스타일을 보기 마련입니다.

성경에도 이와 같이 유사한 비유로 쓰인 사명과 결실의 좋은 예화가 있습니다. 다섯 달란트와 세 달란트 맡은 하인들처럼 열심히 일은 하되 결과와 성과를 목표로 궁극적인 열매와 결실을 위해 일하는 사람들이 있는 반면, 주인이 일 안 한다고 야단칠까 두려워 달란트를 숨겨놓고 주인의 눈치를 살피는 그런 마당쇠 같은 사람들이 있는데, 그 모습이 크리스천 직원들과 똑같다고 할 수 있습니다. 이 하인은 주인이 어떤 것을 요구하는지에 대한 비전과 성찰과 깨달음Vision, Insight, Philosophy이 없어서 아마 그랬을 것이라 생각합니다. 그런 모습을 알 수 있는 때가 바로 신입사원을 채용할 때의 면접 자세와 커뮤니케이션 스타일입니다.

채용 면접관들끼리 모였을 때 하는 말 중에 지원자들이 말하는 3가지 거짓말이라는 '3뻥'이 있습니다. 이 애칭이 붙은 취업 지원자들의 면접 답변을 통해 하인 스타일과 주인 스타일을 쉽게 가려낼 수 있습니다. 주로 마당쇠 정신에 충실한 지원자들이 많이 쓰는 표현들인데, 그 첫 번째가 '무조건 열심히 하겠습니다. 뽑아만 주십시오', 두 번째 많이 나오는 답변이 '최선을 다하겠습니다. 꼭 뽑아 주십시오' 그리고 세 번째로 나오는 답변들이 '죽을 각오로 하겠습니다. 제발 채용시켜 주십시오'라는 표현들입니다.

이 세 표현들은, 모든 일의 결과는 열심히만 하면 잘될 것이라 생각하는 경우입니다. 사실 현대의 그리고 미래의 직장 환경과 업무는 '열심히'만 한다고 잘되는 경우는 극히 드뭅니다. 오히려 열심히 하는 경우보다는 일하는 목적과 그 일의 성격, 방법, 과정 그리고 결과를 '잘 따져가며' 상황과 기회를 잘 이용하여 전략적으로 움직여야 좋은 성과를 거둘 수 있기 때문입니다. 그래서 면접 현장에서 우수한 지원자들이 하는 답변 중에서도 '열심히 하겠습니다'라는 표현보다는 '잘하겠습니다', '좋은 결과 가져오겠습니다'라는 표현이 맞는 면접 답변이라 할 수 있습니다. 채용 면접관들도 그런 결과 중심의 답변을 요구하고 있습니다.

그래서 10명의 크리스천이 입사하여 3명이 3가지의 C(Character 인성과 적성, Competency 직무에 대한 전문성, Competitive 남다른 차별점)의 문제로 회사를 그만두고, 이래서 2명의 직원이 자기 자신의 경력으로 고민하다 방황하더니 뒤따라 나가고, 그리고 남은 다섯 명에서 3명은 '목적'이 이끄는 삶이 아닌 '열심'이 이끄는 삶을 살게 됩니다. 그리고 끝으로 남은 2명이 주인 정신으로 목적이 이끄는 크리스천의 삶을 살게 됩니다.

그렇다고 입사한 10명의 크리스천 중 8명이 실패의 삶을 살고 2명만이 성과의 삶을 사는 것이라고 단정 지어 말하는 것이 아닙니다. 기업의 채용 면접관들이 경험한 내용을 토대로 분석된 사례의 일면을 통해 크리스천 청년들의 유형을 살펴보았고, 이를 통해 우리가 처해 있는 현 주소를 확인해보는 것도 앞으로의 방향을 잡는 데 도움이 될 것을 믿기 때문입니다.

기업에서 사람을 뽑을 때 보는 세 가지 기준

사실과 진실은 어떤 차이가 있을까요? '사실'Fact이라고 하는 것은 취업 현장에서 객관적인 상황들을 기반으로 나오는 일반적인 데이터라 할 수 있습니다. 그렇지만 '진실'Truth은 그 '사실'을 뚫고 채용 면접관과 지원자 사이의 채용 결정을 위한 다양한 상호 작용을 분석한 뒤 나오는 최종적인 키워드나 본질, 실체라 할 수 있습니다. 채용 면접관들은 바로 이 '진실'적인 면을 바탕으로 채용할 사람을 결정합니다. '사실'은 단순한 정보만을 제공하지만 진실은 정보 위에 '과거적 경험과 현재적 역량과 미래적 잠재력'을 보게 합니다.

특히 지원자가 자신을 독실한 크리스천이라고 밝힌 다음 채용 면접관이 질문하는 질문과 그렇지 않고 일반적인 지원자와 같이 동등한 성격의 신앙이 알려지지 않은 지원자로서의 질문들을 들어보면 채용 면접관이 무엇을 물어보는지의 차이를 일반인도 구분하여 알아낼 수 있습니다.

일반 지원자들이 알고 있는 사실(Fact) 對 크리스천들이 알아야 할 진실(Truth)

- **인성과 적성 산맥** : 인간됨, 사람다움, 가치관, 세계관, 성장문화(전통적으로 중시)
- **직무 전문성** : 맡겨진 일과 과업을 완수하는 데 필요한 전문지식(현 시대에서 중시)
- **조직 부합성** : 사람과 회사문화, 변화 수용, 환경 적응 등의 차별능력(미래에서 중요)

예를 들어 편의점을 운영하고 있는 사장님이 편의점에서 근무할 아르바이트 사원을 뽑는다고 할 때, 어떤 것이 가장 중요한 선발 기준이나 요소가 될까요? 여러분이 직접 그 편의점을 운영하는 사장님이라 생각하고 정리해보면 좋은 답이 나올 것입니다.

우선 편의점에 오는 손님들이 깜짝 놀랄 정도의 (1) 외모를 갖춘 아르바이트를 뽑을 수도 있겠지요? 또 편의점의 영업 특성상 밤늦게까지 근무하기 때문에 (2) 건강한 사람이 필요할 수도 있겠지요? 또는 편의점의 매출이 많이 오를수록 사고 싶은 상품이 아닌 다른 것도 필요한 것이 없는지 물어도 보는 (3) 적극적인 성격이 필요할 것입니다. 또 다양한 상품들에 대한 기본적인 지식을 가지고 어떤 것이 좋은지 고민하는 손님에게 물건의 특성을 설명해주고 그 손님의 필요에 따라 살 물건을 추천하는 (4) 영업 스킬도 중요할 것입니다. 또 손님의 얼굴을 기억하고 두 번째 오셨을 때 처음 왔을 때의 구매 패턴을 기억하여 한층 더 새로운 제품도 소개하고 불편은 없었는지도 물어볼 수 있는 (5) 전문적인 능력도 필요할 것입니다. 이외에도 (6) 정직한 품성, (7) 빠른 두뇌회전능력, 위급한 상황이 생길 경우 대처할 수 있는 (8) 위기관리기술, 다양한 상품을 잘 암기할 수 있는 (9) 암기력, 험상궂은 손님이 와서 분위기가 다소 험악해져도 겁 없이 대처하는 (10) 담대함, 피곤할 때도 내색하지 않는 (11) 상냥함, 청소 잘하는 태도, 술·담배 안 하는 (12) 생활 습성, 야간 학교 등으로 시간에 지장 없는 (13) 자유로운 근무 시간 가능자.

이와 같이 외모에서부터 건강, 적극적인 성격, 영업 스킬, 그리고 전문적인 능력까지 순서대로 수준 높은 능력 등을 보게 됩니다. 이렇게 다양한 사람 보는 기술과 방법은 처음 면접에 참여하는 채용 면접관이든 전문 면접 위원이든 공정한 선발이 될 수 있도록 별도의 채용 교육을 받게 됩니다. 이런 상태에서 출발해야 공정한 선발이 되기 때문입니다. 반대로 말하면 채용을 하는 입장이 아니라 채용이 되는 입장에서 보면 종교를 가지고 있든 가지고 있지 않든, 신앙심이 깊든 깊지 않든 위의 말한 열세 가지 정도의 일반적인 기준을 가진 편의점에 지원하는 아르바이트 지원자는 목사님의 아들이든, 집사님의 아들이든, 모태신앙이든 최근에 믿었든지 간에 공정한 출발선에 서게 된다는 뜻입니다. 문제는 채용 면접관이 직무와 연관성이 있는 여러 질문을 하기에 앞서 종교활동을 활발하게 한다고 자기 소개를 한 지원자에게 어떤 질문이 이어질지 궁금해지기도 합니다.

과연 다양하고 활발한 종교적, 신앙적 활동을 통해 인·적성적인 측면과 직무 전문성적인 측면, 그리고 조직 부합성 측면이 향상되었는지 연관성을 가지면서 어떤 도움이 되었는지를 알고 싶어 할 것입니다. 또는 채용 면접관에 따라 신앙생활과 학교생활은 또 나름대로 의미가 있고 한층 더 나아가 회사생활은 또 다른 특성이 있으므로 전혀 신앙생활과는 관계가 없다고 판단해볼 수 있는 것이기 때문입니다.

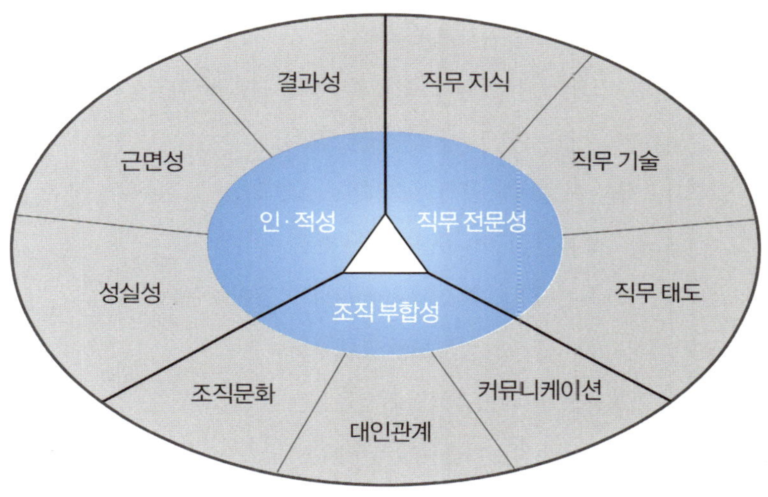

1. 인성과 적성 산맥 : 인간됨, 사람다움, 가치관, 세계관, 성장문화 (전통적으로 중시)

전통적으로 우리나라는 서양의 사고방식과는 다르게 직무 중심의 인재 채용 관점이 아닌 인성과 품성 중심의 인재 채용 철학을 가지고 있습니다. 그래서 면접 질문도 다음과 같은 기본적인 개인 중심의 질문들이 대부분입니다.

1. 자기 소개와 그 세부 내용을 묻는 경우

2. 학교와 전공, 그리고 학점 관리에 대한 경험을 묻는 경우

3. 부모님과 성장 환경을 묻는 경우

4. 가훈 및 양육 분위기를 묻는 경우

5. 출신 지방과 지역성을 통한 인·적성을 묻는 경우

6. 인생관, 직업관, 세계관, 가치관을 묻는 경우

7. 가족 관계와 가족 간 상호 성장 과정을 통한 역할 경험을 묻는 경우

8. 용모와 첫인상, 인터뷰 중간/끝에 면접 소감을 묻는 경우

9. 말투와 표현력, 사용 어휘, 생각의 정리와 스스로의 인·적성을 묻는 경우

10. 취미와 특기를 통한 인간적 특성을 묻는 경우

11. 관심 분야와 지원자의 참여(Engagement)의 경험을 묻는 경우

12. 일반 상식과 필기 고사의 성적 또는 그 내용을 묻는 경우

13. 대인관계를 통한 인·적성 형성의 과정을 묻는 경우

14. 인턴십 또는 동아리의 참여를 어떻게 하였는지를 묻는 경우

15. 장·단점과 인간적 개성이 어떠한지를 묻는 경우

16. 윤리관, 성실성에 의한 지원자의 차별점을 묻는 경우

17. 근면성, 적극성, 신뢰, 용기, 추진력과 같은 인성과 관련된 상황을 묻는 경우

18. 인생의 어려운 점을 극복한 경우, 잘한 점을 묻는 경우

19. 회사생활 중 뇌물을 받는 경우 대처를 묻는 경우

20. 인턴 시절 업무 진행 과정과 결과에서의 고민 상황 묻는 경우

채용 면접관이 이런 인성과 품성 그리고 업무를 위한 적성 질문 의도는 그 지원자는 조직에서 성실히 일을 잘할 것이라고 하는 믿음과 경험을 바탕으로 하기 때문입니다. 채용 면접관은 심리적인 안정감을 가지고, 우호적인 질문을 하고, 합격에 이르는 점수를 부여함으로써 '인성이 뛰어난 지원자 ➡ 성실한 지원자 ➡ 일 잘하는 지원자'라는 믿음을 가지고 있다는 것입니다. 크리스천 지원자들은 이 인성에 관한 질문이 나오는 때는 신앙을 통해 바른 인성과 품성 그리고 대인관계나 업무적인 관계에 있어 철저한 기본기가 갖추어져 있음을 논리적인 사례를 들어 설명하면 최고의 답변을 하는 것입니다.

채용 면접관의 평가 근거는 '성과 신뢰도'Performance credibility라고 불리는 과학적인 근거에서 출발합니다. 쉽게 말해 "성실하고 인성이 잘되어 있으면 일 잘해서 성과를 내고 회사에 필요한 사람이 반드시 된다"라는 것입니다. 임원 면접의 경우 이런 경향이 강하기 때문에 회사 고유의 인성 중심 철학이나 창업자의 문화를 잘 이해하면 실패하지 않습니다.

인·적성 검사도 이런 인성 중심으로 나오기 때문에 지원자 개인의 인성으로 답하지 말고 회사가 가진 인재상과 문화를 충분히 이해하고 답하면 절대 불합격의 과정에서 헤매지 않게 됩니다. 그것이 바로 선행 예견 치수 Predictable measurement를 사용하여 '인·적성검사 ➡ 성과 예견'의 논리를 따르기 때문입니다.

인·적성 항목 부분에 답변 잘하는 지원자들을 분석해보면 두 가지에서 뛰어납니다. 그것은 일관성과 차별성 Consistency and Differentiation 이 남다르다는 점입니다. 일관성은 답변이 상호 간 모순되는 경향이 없어야 한다는 것이고, 그로 인해 지원자의 개성과 특징이 어떤 일관성 저력으로 느껴져야 합니다. 그 위에 탁월성의 꽃을 피워 다른 지원자보다 우월한 또는 독특함을 표현하면 그것이 바로 우수한 인·적성을 드러내는 것이라 할 수 있습니다.

2. 직무 전문성: 맡겨진 일과 과업을 완수하는 데 필요한 전문지식(현 시대에서 중시)

인간성 좋다고 모든 것이 풀리는 열쇠를 지닌 것은 아닙니다. 요즘의 자물쇠들은 워낙에 정교하게 만들어지고 복잡하게 디자인되어 있어, 구시대적인 인성과 적성에 의한 해결이 아주 힘들어지게 되었습니다. 또 다른 합격의 열쇠를 만나야 합니다. 바로 직무 전문성에 대한 열쇠입니다. 만약 외국계 기업이나 조직에 입사하기 원한다면 이 열쇠는 꼭 가지고 있어야 합니다.

만약 입사 면접에 이런 종류의 면접 문제를 많이 만났다면 그 회사는 굉장히 성과와 직무 전문성을 중히 여기는 회사입니다. 인성에는 다소 90점도 줄 수 없는 지원자인데도 직무적, 업무적 프로페셔널리즘이 120점이 된다면 회사의 채용 면접관은 무조건 합격증을 부여합니다. 다음과 같은 질문들을 들을 수 있고, 그 문제들 속에 담겨 있는 문제 철학을 느낄 수 있습니다.

1. 전공과 학점에 직무 연관성과 성과 거둔 경험 묻는 경우
2. 프로젝트의 경험을 통한 수행할 직무와의 유사성을 묻는 경우
3. 인턴십 경험, 전공 학과, 그 외의 성과를 통한 수행할 직무와의 유사성을 묻는 경우
4. 리더십과 팀 참여에 의한 조직목표 또는 업무관리 경험을 묻는 경우
5. 조직관리 또는 성과관리, 목표관리의 실행 경험 여부를 묻는 경우
6. 난관의 극복을 통한 개인 업무 기술을 묻는 경우

7. 커뮤니케이션과 발표, 설득 방법의 경험 여부를 묻는 경우

8. 논리적 사고의 실제 적용 사례 여부를 묻는 경우

9. 새로운 업무 이해의 방법과 정도 여부를 묻는 경우

10. 생산 현장이나 지방 근무에 대한 의견을 묻는 경우

이런 직무 중심을 만날 때 먼저 그 문제와 답을 구해야 합니다. 그리하면 그 모든 합격이 이루어질 것입니다. 이 직무 중심의 질문을 통해 직무 중심의 현장 중시 문화가 이 조직에 내재되어 있다는 진실을 알아야 합니다. 그래서 '살아 있는 실제적 경험'과 이를 통해 체득된 '계량화된 사실 설명'하는 것이 중요합니다. 따라서 인생을 살아온 실제적인 '결과물'을 보여야 채용 면접관은 높은 점수를 줄 수 있습니다.

답변할 때 주의할 것이 있습니다. 금지하는 수준인데 그것은 "무엇이라고 생각합니다"와 같은 머릿속 사실 답변으로만 해서는 절대 채용 면접관을 설득할 수 없다는 것입니다. 반드시 "무엇을 경험했습니다 또는 체험했습니다, 배웠습니다" 등과 같이 참여, 경험, 학습, 적용, 역할, 동조, 진행, 관리, 결과 등으로 답안의 핵심을 내놓아야 합니다.

만약 면접에 여러 번 실패가 있었다면 그것은 하나님께서 지원자를 사랑하지 않아서가 아니라 면접 현장에서 이런 답변으로 철저히 지원자의 합격 수준을 관리 못했기 때문이라는 점을 기억했으면 합니다. 타로 면접자의 의식 속에 깊이 뿌리 박고 있는 생각 중심, 가설 중심, 이론 중심, 계획 중심, 사실 중심, 과정 중심, 노력 중심의 답변 철학 때문이라 판단됩니다.

가급적이면 실천 중심, 결론 중심, 성과 중심, 기여 중심, 결실 중심, 목표 중심의 답변으로 처음 자기 소개부터 바꾸어야 한다는 것입니다. 지원자가 애

기하는 답변을 녹음해서 들어보면 확연히 깜짝 놀랄 정도로 답변의 구분이 생기는 것을 알 수 있습니다. 그것이 바로 합격 면접의 출발점이 될 것입니다.

3. 조직 부합성: 사람과 회사 문화, 변화 수용, 환경 적응 등의 차별능력(미래에서 중요)

인간성도 우수하고 업무능력도 우수한 신입사원은 모든 일에 뛰어난 성과를 보여야 논리적으로 맞는 이야기입니다. 그렇지 않다면 인사관리를 연구하는 학자들이 할 말이 없기 때문입니다. 그런데 냉혹한 현실 세계에 있어 조직의 모습은 또 다른 능력을 요구합니다. 특히 요즘 퇴사자의 주요 원인이 직장 상사나 급여, 맡은 업무 등에 의해 기인하기도 하지만, 그래도 많이 나타나는 것은 조직의 분위기와 문화가 싫기 때문이기도 합니다.

회사는 회사 구성원들이 지닌 고유의 문화와 가치 기준이 있습니다. 전문적인 용어로 기업문화Corporate Culture라고도 합니다. 개인들도 고유의 가치관이 있듯이 기업도 구성원과 다양한 직무와 기업 목적이 어우러진 기업문화가 있다는 것입니다. 그래서 신입사원들을 뽑을 때, 기업문화와 잘 맞는 사람을 뽑고자 합니다. 자유분방한 성격과 넘치는 창의성으로 다양한 도전적인 삶을 살아온 지원자에게 보수적이고 전통적이고 위계적인 문화의 조직에 입사해서 조용히 입다물고 열심히 일하라고 하면 1~2년 후의 모습은 충분히 상상할 수 있겠지요?

이러한 연유로 크리스천 지원자라고 생각되는 피 면접자를 면접하는 불교 기업의 면접관은 여러모로 불편한 마음을 가질 수 있습니다. 아주 단적인 예로서 그런 경우도 있기는 합니다. 술·담배를 판매하는 기업과 기독교 신자와의 부합성, 주일날 사역을 4가지 이상 맡은 청년부 회장에게 주일에도 영업하는 호텔, 백화점, 대형 쇼핑몰 회사 등, 고객에게 다양한 금융상품을 판매해야 하는 금융회사 직원에게 부여된 다소 불합리한 금융거래 관행의 회사, 이렇게 물리적, 정서적, 환경적 요인에 따라 조직 부합성이 미리 검증되지 않은 상황에서 크리스천으로서 판단해야 할 일이 발생하게 됩니다.

다음과 같은 다양한 질문들이 종교적, 신앙적 갈등의 상황과 더불어 기독교 윤리관과 다른 때도 있어서 기도 많이 하는 것만으로는 해결할 수 없는 현실적인 문제를 잘 깨달아야 하는 때가 된 것이라 볼 수 있습니다.

1. 가정 및 학교에서의 성장 환경과 대외적 위기관리능력을 묻는 경우
2. 다양성과 갈등해결능력의 실제 사례를 묻는 경우
3. 문제해결과 의사결정에 대한 조직 관점의 적응 과정을 묻는 경우
4. 창의적 조직문화에 대한 참여, 주도, 성과 여부를 묻는 경우
5. 인적 구성원들과의 화합 여부를 묻는 경우
6. 조직생활의 공사 구별에 관한 질문을 묻는 경우
7. 개인의 윤리와 기업의 공익성의 갈등 해결 과정(및 경험들)을 묻는 경우
8. 각종 문제 및 압박 질문을 통한 회사원으로서의 자질을 평가하는 경우
9. 지원자의 커뮤니케이션 스타일을 묻는 경우
10. 노조에 대한 의견이나 단체 행동의 참여 의사를 묻는 경우

이런 조직 부합성에 대한 문제에 있어 어떤 답변을 통해 크리스천으로서의 믿음과 신실함을 드러낼 수 있을까요?

우선 가장 중요한 것은 조직이나 회사가 원하는 조직인 또는 사회인으로서

인적 개성과 업무적 직무 수행 철학을 잘 표출해야 합니다. 조직이 원하는 특성은 VIP Vision, Insight, Philosophy로 요약될 수 있는데, 보통 평범한 인재들에게는 볼 수 없는 암기해도 소용 없는 것 3가지가 있습니다. 비전이라는 말은 개인의 꿈과도 같은 데, 장래 희망과는 다소 거리가 있는 직장에서 자신의 희생을 통한 성장의 열매를 말합니다. 자신이 배운 전공과 경험한 세계관과 전문능력과 창의성과 모든 장점을 씨 뿌리는 것과 비유를 같이합니다. 돌밭도 아닌, 자갈밭 조직도 아닌, 가시밭 기업도 아닌, 옥토 분야에 떨어져 30배, 60배, 100배의 결실을 맺게 하는 것입니다. 조직에의 부합성이 뛰어날수록 그 회사가 거둘 결실이 클 것이고, 이를 통해 그 개인도 더 크게 성장할 수 있을 것이기 때문입니다.

최상의 답변 방법은 단순히 테크닉적인 기술 수준이 아니라 그다음 단계인 과학 수준으로 답하는 것입니다. 계량적이고 분석적인 자신의 성찰을 보여주는 것입니다. 회사의 성장에 따른 자세한 연차별 자기계발 계획과 담당하고 싶은 업무, 목표하는 부서와 신규사업 업무에의 기여 등으로 과학적인 답변을 보여주는 것만으로도 핵심 인재다운 모습을 보이는 것입니다.

그런데 한 단계 더 업그레이드된 것이 예술적인 답변입니다. 개인의 현재에서 미래를 보는 비전Vision과 개인의 현재에서 현재를 보는 성찰Insight과 개인의 현재에서 과거를 보는 철학Philosophy의 조합을 통해 답변하는 것이 예술적인 경지에 이른 답변 수준이라 할 수 있습니다.

끝으로 간단히 상황적 조언을 드리면 채용 면접관의 연력적인 성격에 따라 본 질문의 답변 효과를 120% 얻을 수 있는 것이 있습니다.

예를 들자면 채용 면접관의 연령대에 따라 예술적 기법을 발휘할 수 있는데, 연장자인 채용 면접관의 조직 부합성과 관련된 질문에는 보다 보수적, 체계성, 위계성, 구조성을 강조하고, 조직문화 순종형 중심으로 답변하면 우수한 답변이 됩니다. 반면에 젊은 채용 면접관의 질문에는 혁신적이고 도전적이며 창의적, 변혁적인 내용의 답변들이 들어가면 탁월한 조직 부합 답변이 된다는 것도 기억할 만한 면접 예술 기법 중의 하나입니다.

PART

03

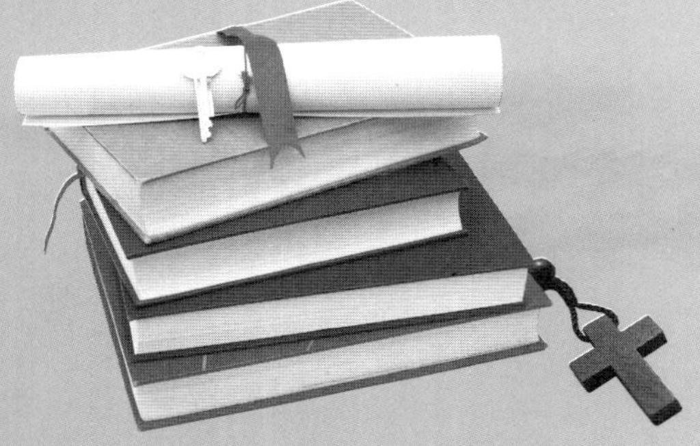

어려운 상황들에 대한 지혜로운 답변 전략

사람이 마음으로 자기의 길을 계획할지라도 그 걸음을 인도하는 자는 여호와시니라
지혜로도, 명철로도, 모략으로도 여호와를 당치 못하느니라 싸울 날을 위하여 마병을
예비하거니와 이김은 여호와께 있느니라.

In his heart a man plans his course, but the LORD determines his steps. There is
no wisdom, no insight, no plan that can succeed against the LORD. The horse is
made ready for the day of battle, but victory rests with the LORD.

잠언 16: 9, 21: 30~31

01

직장생활과 환경 변화에 대한 질문 답변 전략

낙타 바늘구멍 들어가는 것과도 같은 취업 전쟁을 뚫고 입사한 수많은 지원자 가운데 크리스천들이 얼마나 될까요? 크리스천들은 비크리스천보다 더 취업이 잘 될까요? 그 반대일까요? 여러분이 만약 사장이라고 한다면 운영하는 사업에 크리스천 청년들을 더 많이 고용하고 싶으세요? 아니면 기독교, 불교를 가리지 않고 채용하고 싶은가요? 아니면 아예 신앙이 없는 사람들을 중심으로 편하게 뽑고 싶은가요?

우선 크리스천이라는 기준부터 정해야 할 것 같습니다. 일단 입사지원서상의 종교 기재 항목에 '기독교'라고 적은 지원자들을 크리스천이라 가정한다면 그 문제에 대한 결과를 알고 싶어 하는 사람들이 많아질 것 같습니다.

사회학적 관점에서 또는 종교학적 관점에서 그리고 인사관리자의 관점에서 종교를 가지고 있거나 신앙을 가지고 있는 사람들이 취업이 잘될 수 있을까라는 질문에 쉽게 답할 수 없는 때가 요즘 인 것 같습니다. 물론 신앙심을 통해 마음의 평정을 얻고 자신이 추구하는 목표와 방향을 더욱 견고히 하는 신념을 만드는 데 절대적인 도움을 준다고 생산하는 지원자는 합격에 대한 열의도 더 클 것으로 생각합니다. 당연히 그런 열정으로 더 열심히 취업 준비하고 또 다양한 구직 활동을 하여 궁극적인 목적을 달성할 수도 있겠지요. 그런데 일반적으로 신앙심이 많은 지원자의 입장이 아닌 선발을 해야 하는 채용 면접관의 관점에서라면 좀 더 다른 이야기가 됩니다.

채용을 한 후 채용 때 검증했던 다양한 문제들에 대해 그대로 성과로 나타나 주어야 하는 것이 일반적일 것입니다. 특히 종교적 신앙적 색채를 가지 사람들이 지닐 수 있는 긍정적 부정적 측면들이 채용 면접관 관점에서 어떻게 해석되고 이해되었는가에 따라 채용 후의 업무 성과가 잘 나오는 경우도 있고 반대로 '잘못 뽑았다'라는 결론에 도달할 수도 있습니다.

신앙을 가진 사람들, 특히 기독교인들에 대해 사회적으로 좋은 평판과 영향력을 가지고 있을 경우에는 문제되지 않던 사안들이 요즘같이 반기독교적인 이슈와 논제가 의도적으로 확대 재생산되는 사회적 분위기가 높다라고 한다면 신앙인으로서 도전되는 기업의 채용 문화를 체험하게 될 수 있겠지요?

예를 들어 기독교인에 대한 다소의 불만이나 거부감이 있는 채용 면접관이 기독교인이라 자신만만하게 자기소개서에 밝힌 지원자에게 이런 질문도 할 수 있습니다.

저녁에 도시의 야경을 둘러보면 교회의 십자가 탑이 많이 보이고 더 늘어나는 것 같은데, 그 십자가 탑들이 증가하고 있음에도 우리 사회의 범죄율이 줄지 않고 더 늘어나는 이유가 무엇일 것 같나요?

이런 질문을 한다면 어떤 답변을 해야 채용 면접관의 반기독교적인 인식의

벽을 넘을 수 있을까요?

또는 "일요일에 출근하는 회사 규정과 회사 내의 종교적인 특성의 모임은 안 되는데 지원자의 의사는 어떠하가요?"라든가 "저희 회사는 유독 기독교 인들이 이직률이 높고, 회사 적응을 잘 못하는데, 기독교 신자로서 어떤 이유에서일 것 같으십니까?" 이런 질문들을 받을 수 있습니다. 한 걸음 더 나아가 "저희 경영진들은 거의 불교 신자가 대부분인데, 특정 종교에 대해 어떻게 생각하나요?" 또는 "새롭게 공장을 짓고 시설을 개관할 때 고사를 지내는데 동참이 가능한가요?" 등 이런 거북한 모습에 우리 기독교인들은 문제의 철저한 분석과 본질에 대한 해답으로 중무장되어 있어야 합니다.

일요일 출근의 문제

채용 면접관과 싸우려 하지 말고 회사 규정을 최우선하여 중요시 여긴다고 말하십시오. 개인의 신앙생활을 보장해주는 좋은 회사어 지원하였다고 지원 동기를 말하고, 회사의 일요일 출근 규정이 존중되는 만큼 개인의 신앙생활도 존중되어 기업이 원하는 최고의 성과를 거둘 수 있도록 기여하겠다고 하세요. 신앙의 관점에서 성과와 기여의 관점으로 유도하세요.

기독교인들의 이직률과 조직 적응

회사의 기업문화적 요인이나 개인의 업무 적성 또는 직무의 특수성과 같이

3대 이유에 의해 이직 현상이 나타난다고 분석한 후, 우연의 일치일 수 있으나, 직장생활이 요구하는 성과와 직무의 요구 조건을 잘 수용하는 최선의 결과 중심의 역할 수행을 하겠다고 하세요. 크리스천들의 조직 적응 문제에서 그 양상은 다양하지만 역할 수행의 완결성이 뛰어나다고 유도하세요.

특정 종교에 대한 의견

종교적 배타성에 대해 물을 때 개인의 타 종교 신앙에 대한 의견 피력은 하지 말고, 개인 신앙의 개성과 특성을 존중한다고 말하세요. 회사는 회사의 문화와 조직 성과를 내는 곳이기 때문에 원만한 대인관계와 늘 경청하는 자세로 성과 위주의 신입사원으로서 근무한다고 하세요. 종교적 특성이 있는 업무 태도가 아닌 조직이 원하는 성과를 잘 낼 수 있다는 입장으로 유도하세요.

교회의 증가와 범죄율의 상관관계

교회의 증가와 범죄율 증가에 대해 문제를 내는 채용 면접관은 실은 두 개의 관련 없는 변인을 묶어 그 상관관계를 유추하라고 하는 압박 질문의 한 유형을 통해 지원자의 답변능력과 대응능력을 보고자 하는 것입니다. 두 가지로 답변하면 쉽게 해결할 수 있습니다.

첫째, 두 가지의 변인에 대해 상호 연관성이 없다는 것을 말하는 것이 기선 제압으로 중요합니다. 상호 간 영향력을 줄 수 있는 범위 이외의 사안에 대해 답변하는 것은 억지 논리를 만들고 잘못된 해석을 유도할 수 있다는 가정성 Probability을 지적하면 됩니다. 회사는 많이 늘어나는데 실업자도 덩달아 늘어나는 것과 같은 논리입니다.

둘째, 그게 사실이라는 명제를 받아들인다면 교회의 증가는 범죄의 증가에 대한 반대 급부적인 현상으로 볼 수 있다고 설명하세요. 즉 범죄 증가에 대해 직접적인 '사회 통제적 기능'이 제대로 발휘되도록 간접적인 '사회 정화'의 기능이 교회를 통하여 보강되어가고 있는 현상으로 해석하는 것입니다. 이러한 사례를 통해 교회의 사회적 영향력을 보여주는 것입니다.

즉 그나마 교회가 있기 때문에 범죄율이 이 정도로 곤리되고 있다는 논리를 펴면 됩니다. 물론 과학적인 정답은 맞을 수도 틀릴 수도 있습니다. 그러나 면접은 정답 확인을 통한 적임자의 확보보다는 논리 전개 검증을 통한 적임자를 선발하는 것을 목표로 하고 있으므로 그 결과는 염려할 필요 없이 합격 답변으로 인정받을 수 있습니다.

그리스도 예수 안에서 너희에게 주신 하나님의 은혜를 인하여 내가 너희를 위하여 항상
하나님께 감사하노니 이는 너희가 그의 안에서 모든 일 곧 모든 구변과 모든 지식에
풍족하므로 그리스도의 증거가 너희 중에 견고케 되어 너희가 모든 은사에 부족함이 없이
우리 주 예수 그리스도의 나타나심을 기다림이라

always thank God for you because of his grace given you in Christ Jesus. For
in him you have been enriched in every way--in all your speaking and in all
your knowledge-- because our testimony about Christ was confirmed in you.
Therefore you do not lack any spiritual gift as you eagerly wait for our Lord
Jesus Christ to be revealed.

고린도전서1:4~7

02 토론 면접과 발표 면접에서의 주제 답변 전략

토론 면접은 왜 할까요?

대개 알고 있는 피상적인 이유들이 있습니다. 토론 면접실에 들어오면서 지원자들은 다양한 모습으로 자기 자신의 인성을 보여주고 토론의 기술을 통하여 자신의 지적인 능력과 의사결정 기술, 그리고 세련된 커뮤니케이션능력을 어필하고자 합니다. 자신의 지적인 능력은 논리력, 설득력, 표현력, 그리고 창의력으로 측정할 수 있습니다. 그리고 토론의 기술은 적극적으로 참여 하는지 그리고 협조적이며 유연하게 대처하는 지도 평가할 것입니다.

그런데 토론 면접의 심오한 뜻은 한 단계 더 들어가 있습니다. 기본적으로 조직에 들어온 신입사원들이 가지고 있는 문화와 삶의 기준들을 파악하기 위해 일대일 면접과 같은 면접을 실시합니다. 그런데 그 면접 방식으로 사람을 파악하는 데에는 시간적, 공간적, 정서적, 환경적 한계가 너무 많습니다. 전인(全人)적인 인간의 모습을 들여다보기 위해 사람들과의 다양한 역학관계

Dynamics를 통하여 '논리성'과 같은 이성적인 면이 개인의 '감정적'인 면과 어떻게 결합하여 표현되는지를 보고자 합니다. 그래서 토론 면접에 들어온 지원자들 중에서 특별히 크리스천들이 가져야 할 마인드로는 이성적인 토론과 설득 기술의 연마보다는 '협력과 배려, 이해와 격려, 냉정과 차분, 질서와 이해'와 같은 정서적 고려로 승부를 걸어야 한다는 점을 강조하고 싶습니다.

이런 정서적 유대가 강화되어 있는 지원자는 회사에서 새롭게 일이 맡겨지면 당연히 이성적인 판단을 하는 주제Content 중심의 사고를 함과 동시에 감성적이고 맥락적인 맥락Context 중심의 사고를 해야 합니다. 되도록 채용 면접관과의 질문 에너지에 대응하여 활기찬 지원자의 에너지를 실어 동반시켜야 하는 것입니다. 그런 토론 면접의 우수한 사람이 가진 6가지의 특징을 리더LEADER로 축약하여 정리한 것입니다. 6가지의 토론 면접에 우수한 면접 리더의 모습을 알기 쉽게 이해시키고자 하는 것입니다.

간단하게 그 내용을 정리하면 우선 가장 중요한 것은 입을 조용히 다물고

Listen	경청 자세, 핵심 파악
Encourage	반론 수용 자세, 존중, 배려, 재반론 기회
Active	적극성, 진지성
Direction	논리성, 설득력, 방향성, 수용성
Emotion-free	냉정 유지, 논조 유지, 태도, 감정관리
Recap	요약능력, 축약 기술, 핵심파악

잘 듣기Listen에서부터 출발합니다. 단순히 잘 듣는 것이 아닌 핵심 파악을 위한 아주 중요한 경청의 첫 단추를 잘 꿰야 합니다. 그런 다음 상대방의 말에 대해 격려Encourage하고 존중하는 이미지를 보여주어야 합니다. 배려의 자세가 들어갈수록 감사하고 자기를 후원하는 사람이 많다고 확신하는 동질성이 확대됩니다. 그러나 그 경청과 배려의 근저에는 재반론의 기회를 엿보는 조용한 움직임이 있어야 합니다. 그래야 그다음 단계로 적극적Active이고 진지하게 4가지 핵심이 되는 콘텐츠를 펼칠 수 있습니다. 채용 면접관의 4대 평가 요인이 바로 논리성, 설득력, 방향성Direction, 그리고 수용성이기 때문입니다.

여기서 중요한 득점 포인트가 있습니다. 크리스천으로서 신앙적으로 연단된 2가지의 기술이 있습니다. 그것이 바로 냉정을 유지Emotion-free하고 논조를 유지하되 태도와 감정을 최고의 평온한 상태로 유지하는 것입니다. 면접하는 동안 말하는 주제가 다른 방향으로 나갈 수 있는데, 그때 바로 이런 평정심이 크리스천 지원자로부터 잘 발휘되도록 하는 것입니다. 채용 면접관이 원하는 사회성 조절 기능이 바로 거기에서 나오는 것입니다. 이를 돋보이게 하는 것이 토론 중간 중간에서 요약Recap하여 핵심을 파악하게 하는 능력입니다.

발표 면접은 어떤 의도에서 하는 것인가요?

일대일 면접과 토론 면접에서는 우수한 실력을 선보이는 지원자도 여러 사람 앞에서의 발표 면접에서 또 다른 양상을 보이는 경우가 많습니다. 크리스천 지원자도 마찬가지입니다. 이 발표 면접을 통해 평소에 가지고 있던 머릿속의 생각을 여러 대중들에게 논리적 설득력을 보이며 입 밖으로 내보내는 중요한 역할을 하는 커뮤니케이션 스타일이라고 할 수 있습니다.

이런 커뮤니케이션 스타일은 회사생활에서 가장 필수적인 능력의 하나로 평가되어 일대일 인성 면접과 전공 면접, 토론을 통한 인·적성 면접과 조직 부합성 문제에서 100점을 받아도 발표 면접에서 50점이면 불합격일 가능성이 높습니다. 일대일과 토론 면접에서 50점이라고 해도 발표 면접에서 90점 이상이면 반대로 합격할 가능성이 높습니다. 채용 면접관들이 이 발표 면접 잘하는 지원자들에게 좋은 점수를 주는 것은 바로 발표가 가지고 있는 대중 앞에서의 설득력과 논리적 성과가 일대일 상황이나 소그룹 상황보다 더 힘을 발휘한다고 믿기 때문입니다.

시중에 나와 있는 많은 취업 면접 서적을 들춰보면 공통적으로 발표 면접의 중요성을 대중들 앞에서 긴장하지 않고 자신의 의사를 제대로 전달하는 것이라고 규정하고 있습니다. 채용 면접관이 어떤 관점에서 발표자의 발표 내용과 발표능력을 보는지에 대한 심층적인 분석이 없어 보일 때도 있습니다. 그 이유는 일반적으로 발표 면접이 지니고 있는 심층적인 조직 부합성과 주제를 둘러싸고 있는 심층적인 조직 적응의 가능성과 인사 평가의 과학적 측면을 이해하지 못하기 때문입니다.

무조건 말 잘하고 거침없이 발표 원고를 외우고 발표 프레젠테이션을 화려하게 보여주면 그 발표 면접의 목적에 부합한다고 생각하는 것이 위험하다는 것입니다. 만약 그렇게 말만 잘하는 신입사원만 들어오면 회사에서 열심히 뛰어다니면서 일 할 사람은 실제 없기 때문에 말 잘하는 신입사원이 입사한다면 그 증거로 실제 기업 현장에서 일도 잘할 수 있는 모습도 보여줄 수 있어야 합니다. 그런 실제 증명할 수 있는 내용이 발표 내용 중에 심어져 있는지를 심사할 수 있어야 합니다.

그런데 문제는 크리스천 지원자들이 보여주고 있는 신앙의 담대함이 면접 현장에서 다소 이미지가 약하게 보여질 때가 많습니다. 그 이유를 분석해보면 재미있는 의견을 들을 수 있습니다. '신앙인'이라는 것이 굳이 겉으로 드러나지 않는 이미지인데도 불구하고 발표 주제가 어렵든지 쉽든지 간에 담대하지 못한 모습을 보이는 이유가 궁금해질 때가 있습니다. 그것은 아무래도 겸손과 겸양이라는 미덕 때문이 아닌가 싶습니다. 앞에게 양보하고 겸허하게 모든 상황 가운데 신중한 모습을 보이는 연유로 발표 주제에 따라 좌우되는 경우도 있습니다.

예를 들면 학교생활 중의 다양한 대인관계 경험이나 조직의 리더십 활동을 통해 이룬 업적이 무엇인지 발표하라고 하면 교회 조직이라는 배경으로 발표하는 지원자는 대개 고득점을 얻기 어려운 경향이 있습니다. 그런데 불신앙의 사회 단체나 다른 성격의 작은 규모는 반대로 많은 조직적 상황을 내보이며 다양한 조직 간의 문제들을 해결하는 데 도움되는 발표를 들을 경우가 많습니다. 교회의 신앙적 특수성과 대중적 이해가 작기 때문에 주제에 부합하는 상황을 만들어 내기가 어렵고, 또 교회 내의 상황을 일일이 들어가며 말한다는 부담감 때문일 것이라 판단됩니다.

여기서 필요한 것이 크리스천적인 발표 기법입니다. 발표 면접이라는 특수한 상황에서 지원자의 인·적성과 커뮤니케이션 스타일과 차별점을 잘 드러낼 수 있는 6가지 전략을 소개합니다.

"크리스천이라고 해서 특별히 다른 발표 기법이 있겠는가?"라고 반문한다면 예배 시간의 설교와 대학의 강의가 무슨 차이가 있는가라는 질문과 같다고 보면 됩니다. 지성의 전당에서의 발표와 영적인 전당에서의 발표가 어떤 차이가 있다고 보는 관점에 따라 발표 면접에서의 인재 채용은 크리스천에게 있어서 하나의 큰 기회이라고 할 수 있습니다.

발표 주제를 부여받으면 일단 어떤 내용을 말해야 할지 전전긍긍하지 말아야 합니다. 면접관이 이 문제를 내면서 그럴 것이라고 생각하고 문제를 내기 때문에 오로지 발표 내용에만 초점을 맞추면 50점 이상을 득점하기 어렵습니다. 일단 왜 이런 발표 주제를 나에게 부여했을까를 먼저 생각해보아야 합니다. 그래서 우선 발표 문제에 담겨 있는 조직의 성격이 나타나는 표현들을 잘 읽고, 거기에 지원자의 특성을 맞춰가야 합니다.

예를 들어 "리더로서 활동할 때의 어려움과 그 성취한 과정과 결과를 발표하시오"라는 발표 주제를 받으면 조직 부합성 측면에서 그 조직의 특성을 3~4가지 정도로 빨리 정리하십시오. 그리고 지원한 회사와 조직, 지원한 부서와 업무 특성과 그 문제가 어떤 연관성, 유사성, 차이점 같은 것이 있는지를 발견하고 그 차이점 안에서 리더로서 갖추어야 할 기본적인 능력 즉, 성과관리, 목표 관리, 조직관리, 인원 관리, 갈등관리, 프로젝트 관리 같은 업적들을 하나둘씩 풀어나가면 됩니다. 곧바로 급한 마음에 업적을 들추어낼 필요가 없다는 것입니다. 그래서 조직부합성Chemistry과 조직몰입도commit를 먼저 꺼내게 되면 채용 면접관이 예사롭지 않은 관점을 갖게 되고, 그다음으로 이어지는 발표에 대한 지식과 말하는 기술 그리고 세련된 발표 태도와 같은 역량Competency 부분에 안정적으로 점수를 따낼 수 있습니다. 발표 주제는 특별히 시대적, 상황적 배경을 이해하면 더욱 뛰어난 커뮤니케이션 스타일을 선보일 수 있습니다. 즉, 주제Content와 맥락Context에 담겨 있는 리더로서의 활동 상황에서 경험한 귀중함 체험들과 필요하다면 지원한 회사가 가진 조직문화적인 특성들을 연결해 가면서 직무 연관성, 회사 연관성을 풀어 가보는 것이 탁월한 발표 면접의 기법이라 할 수 있습니다.

예를 들어 조직이 지금 신규 사업에 투자하는 과정이라든지, 노조 문제와 관련된 회사 내적인 문제가 있다든지, 이직률이 높다든지 하는 문제들이 이 발표 주제와 연관성이 있다는 것을 기억해야 합니다. 그래서 신규 사업에 필요한 조직 창의성의 문제나 노조와 관련된 조직 통합성의 문제, 그리고 이직률과 관련된 직원 로열티의 문제와 지원자 자신이 겪은 리더로서의 어려움의 특성이 "유사, 공유, 같은 본질"이라는 등의 논리를 계속 강조하여야 합니다. 물론 빠른 두뇌 회전력을 요구합니다만 이런 과정 중에서도 인간적 친화력과 정서적 공감, 그리고 온유한 크리스천으로서의 탁월한 조직관리 기법 등을 간간히 담으면 훌륭한 면접 답변이 됩니다. 그리고 그 네 가지 전략을 더욱 빛낼 수 있는 대중 설득력과 상황 관리의 용기Courage와 새로운 관점을 내다볼 수 있는 망원경과 현미경 등의 독창성Creativity을 보여주는 것이야말로 크리스천적인 발표 면접 전략이라 할 수 있습니다.

Chemistry	조직 부합, 환경 적응
Competency	직무역량 어필, 전문성 강조
Content	주제 파악, 내용 구성
Context	주제 배경 이해, 조직 환경 파악
Courage	대중 설득력, 상황관리
Creativity	새로운 관점, 문제분석과 해결

God knows you have good days, bad days, up days & down days, He didn't promise no problems, He promised He'd be there.

하나님께서 우리에게 약속하신 것이 만약 "너는 문제 없어. 내가 다 알아서 취업시켜줄게" 이렇게 말하고 우리의 인생에 개입하신다면 과연 우리의 모습이 어떠할까 생각해봅니다.

신앙생활의 중요한 과정에서 직장을 얻는다는 것은 그동안 경험하지 않은 또 다른 영적 전쟁Another Spiritual Warfare을 시작한다는 심오한 의미가 있습니다. 그래서 남다른 각오와 신념이 필요합니다. 그 각오와 신념 이전에 기도가 밑바탕에 깔려 있어야 합니다. 이 각오와 신념과 기도가 거름이 되고 영육에 양식이 되어 취업하고자 하는 조직과 회사가 원하는 사명과 비전을 이룰 수 있는 준비가 되어 있어야 하기 때문입니다. 나의 삶의 진실된 모습Character과 다섯 달란트 맡은 종의 열심Competency과 옥토에 뿌려진 씨앗의 남다른 모습Competitive을 사회에서는 핵심 인재라 부르며 반깁니다. 세상을 변화시키는 빛과 소금이 바로 핵심크리스천들의 사명이 되기를 바랍니다. 세상은 선교지입니다. 그 선교지에서 취업하기 위해서는 전신갑주와 날 선 검이 필요합니다.

하나님께서 취업을 위해 근심하며 기도하는 크리스천 지원자들에게 말하시는 것을 들을 수 있었으면 합니다. 긴장되는 면접의 현장에서 "I will be there"라고 말씀하시는 따뜻한 목소리와 손길이 우리의 지혜를 더욱 빛나게 할 것입니다. 세상을 향한 비전Vision과 냉철한 분별력Insight과 하나님의 우리를 향한 사랑 철학Philosophy인 예수 그리스도의 모습을 우리는 매일 경험합니다.

우리를 취업Career이라는 것보다 더 값진 하나님의 자녀Christian가 되게 함을 통해 더욱 하나님의 임재를 느낄 수 있을 것입니다.

'직장을 갖는다'는 것, '취업을 한다'는 것이 하나님과 다시 만나는 과정이라 믿습니다. 20여 년의 작은 경험이 소중한 비전이자 성찰이자 철학이 되어 VIP Very Important Person인 이 책을 읽는 독자들이 세상을 변화시킬 수 있는 담대함과 지혜를 가지고 이 세상을 이기는 남다른 VIP Vis on, Insight, Philosophy를 만들어주기를 기대합니다.

하나님의 부르심과 함께하심을 느낄 수 있는 계기로 직장 선택과 취업 관문 통과 과정에서 느낀 7가지 취업 실패 원인과 3가지 취업 전략을 통해 능히 세상을 극복한 크리스천 구직자들의 다양한 경험과 사랑 고백을 듣고 싶습니다. 하나님의 임재하심이 새로운 취업을 향한 발길에 풍성히 넘칠 것을 기대합니다.